大学语文教学理论与实践创新研究

卢志宁◎著

吉林人民出版社

图书在版编目 (CIP) 数据

大学语文教学理论与实践创新研究 / 卢志宁著. --
长春：吉林人民出版社, 2024.4
ISBN 978-7-206-21002-0

Ⅰ. ①大… Ⅱ. ①卢… Ⅲ. ①大学语文课 – 教学研究
Ⅳ. ① H193

中国国家版本馆 CIP 数据核字 (2024) 第 107939 号

大学语文教学理论与实践创新研究
DAXUE YUWEN JIAOXUE LILUN YU SHIJIAN CHUANGXIN YANJIU

著　　　者：卢志宁	
责任编辑：王　丹	封面设计：韩静茹

吉林人民出版社出版 发行（长春市人民大街 7548 号）　邮政编码：130022
印　　　刷：河北万卷印刷有限公司
开　　　本：710mm × 1000mm　　　　　　　　1/16
印　　　张：14.25　　　　　　　　字　　数：200 千字
标准书号：ISBN 978-7-206-21002-0
版　　　次：2024 年 4 月第 1 版　　　　印　　次：2024 年 4 月第 1 次印刷
定　　　价：88.00 元

如发现印装质量问题，影响阅读，请与出版社联系调换。

前 言

大学语文教学在高等教育体系中占据着重要地位。作为传承和发展语言文化的重要途径，它不仅涵盖了文学、语言学、文化学等多个学科领域，还承担着培养学生综合素质、批判性思维和创新能力的重要任务。在信息时代和全球化的背景下，大学语文教学正面临着新的挑战和机遇，需要不断地更新观念、方法和内容，以适应社会的发展和变化。

传统的大学语文教学主要聚焦于经典文学作品的阅读和分析，强调文学修养和语言能力的培养。然而，在现代教育环境中，教学内容已经拓展到更为广泛的领域。除了传统的文学作品，现代文学、比较文学、跨文化研究以及新媒体文学等领域也被纳入课程。这种多元化的教学内容不仅丰富了学生的学习体验，还有助于培养他们的跨文化理解和全球视野。在此背景下，教学方法改革成为"三教"改革的重要一环，专注于解答"如何教"的问题。本书通过积极探索以学生为中心的大学语文教学新方法，旨在提升教学质量与效率，为大学语文教学注入新的活力。此外，数字资源、在线课程和交互式学习平台等技术的应用，不仅提高了教学效率，还为学生提供了更加灵活和个性化的学习方式。同时，新媒体技术也为文学创作和研究开辟了新的领域，如网络文学、数字人文等。在全球化和多元化的社会环境中，大学语文教学承担着传承文化和促进文化创新的重要职责。通过对经典文学和传统文化的学习，学生能够深入理解自己的文化根源。同时，通过学习外国文学和跨文化交流，学生能够理解和欣赏不同文化的多样性。这种文化传承与创新的结合，对于培养具有国际视野和创新能力的人才至关重要。

全书分为筑基夯实篇和创新赋能篇两大部分，共七章。第一章全面回顾了大学语文教学的发展历史，探讨了教学的原则与特点，并深入分析了语文课程的价值。为读者提供了大学语文教学的基本框架和历史背景，为理解后续章节内容奠定了基础。第二章深入探讨了支撑大学语文教学的理论基础，包括三全育人理论、人本主义学习理论以及情境教学理论。这些理论为大学语文教学提供了坚实的支撑，有助于读者更好地理解语文教学的深层价值和意义。第三章对教学的参与者——教师和学生进行了深入分析，探讨了他们在教学过程中的角色、互动和发展。特别强调了"教"与"学"的协同发展，突出了教育过程中人的因素的重要性。第四章集中讨论了大学语文教学的核心内容，包括文本阅读、口语交际、写作和审美鉴赏等多个方面。这些内容是大学语文教学的基石，对于学生的综合素质培养至关重要。第五章探讨了大学语文教学内容的创新，包括古典文献的现代解读、跨文化与跨学科的融合、大学语文教学与社会实践的结合以及新媒体文本的解析等方面。第六章着重于大学语文教学方法的创新，包括项目教学法、行动导向教学法、合作学习教学法、情境教学法以及翻转课堂教学法等。这些创新方法旨在提升教学效果，激发学生的学习兴趣和创新思维。第七章对大学语文教学评价体系进行了创新性探讨，包括评价原则、评价指标和评价方式的创新，以期建立更加全面和有效的评价体系。

本书旨在为大学语文教学的发展提供全面的理论和实践指导，企望能够为语文教育的改革和创新作出贡献。由于笔者水平有限，书中难免存在不足之处，恳切希望广大读者、专家批评指正。

目 录

筑基夯实篇

第一章 大学语文教学概述   3
    第一节   大学语文教学的历史回顾   3
    第二节   大学语文教学的原则与特点   8
    第三节   大学语文课程价值   19

第二章 大学语文教学的理论基础   28
    第一节   三全育人理论   28
    第二节   人本主义学习理论   36
    第三节   情境教学理论   41

第三章 大学语文教学的参与者分析   52
    第一节   教师分析   52
    第二节   学生分析   62
    第三节   "教"与"学"的协同发展   68

第四章 大学语文教学的核心内容   73
    第一节   文本阅读教学   73
    第二节   口语交际教学   85
    第三节   写作教学   96
    第四节   审美鉴赏教学   116

创新赋能篇

第五章　大学语文教学内容的创新　　131
　　第一节　古今融合：对古典文献的现代解读　　131
　　第二节　跨界交融：跨文化与跨学科的融合　　140
　　第三节　实践探索：大学语文教学与社会实践　　148

第六章　大学语文教学方法的创新　　155
　　第一节　项目教学法　　155
　　第二节　行动导向教学法　　164
　　第三节　合作学习教学法　　173
　　第四节　情境教学法　　180
　　第五节　翻转课堂教学法　　186

第七章　大学语文教学评价的创新　　197
　　第一节　评价原则的创新　　197
　　第二节　评价指标的创新　　200
　　第三节　评价方式的创新　　204

结　语　　211

参考文献　　215

筑基夯实篇

第一章 大学语文教学概述

第一节 大学语文教学的历史回顾

大学语文教学从古代的经典教育到近代的文学革新,再到现代的多元化教学模式,这些历史阶段展示了教育理念、教学方法和社会文化的演变,同时揭示了教育体系在不同历史背景下的适应与变革。深入探索这一连串的历史进程,有助于理解当前大学语文教学面临的机遇和挑战,以及未来发展的方向。

一、早期起源与发展阶段(1900年至1949年)

我国大学语文教学的发展已有百年历程。早期阶段的大学语文教学,是在传统与现代交汇的时代背景下形成和发展起来的。在这一时期,我国高等教育开始吸收西方教育理念和方法,同时还保留着深厚的传统文化底蕴。

我国传统教育长期以儒家经典为核心,重视经典的传授和学问的修养。然而,20世纪初,随着西方文化和教育理念的输入,我国高等教育系统开始发生根本性变化。这一时期的中国正处于由封建社会向现代社会转型的关键时期,西方的科学、文化和教育理念开始深刻影响中国的教育体系。在这一时期,我国高等教育体系开始从传统的私塾和书院教育转型为现代大学教育。这种转型不仅涉及教育制度的变革,还包括教育内容和教学方法的重大调整。新成立的大学和高等学府开始采用西方的教学模式,强调批判性思维和科学方法的训练。1913年颁布的《大学规程》中提到文科要分设四门学科,分别为哲学、文学、历史学、地理学,其中的文学就是现代大学语文课程的前身。①

在新文化运动和"五四运动"的推动下,我国近代大学教学逐渐改用白话文。到1922年为止,全国教材编写基本上都采用语体文(又称白话文),高校中的文学课也开始采用白话文编写的教材。②

在内容上,早期的大学语文教学不再局限于儒家经典的学习,而是开始融入更广泛的文学、历史和哲学知识。中国传统文学、文化和历史在新的教育体系中仍占有重要位置,但开始与西方文学、哲学和文化理论相融合。这种融合促进了学生对中西文化的深入理解和批判性分析。在教学方法上,早期的大学语文教学开始摒弃单向灌输式的教学方式,转而采用互动和讨论式的教学方式。课堂上鼓励学生提出问题、展开讨论,并对所学知识进行批判性分析。这种教学方式的变革有助于培养学生的独立思考能力和创新能力。尽管早期大学语文教学受到西方影响较大,但对中国传统文化和文学的重视始终是一个重要方面。学术界开始重新审视和评价中国古典文学、诗词和哲学,试图从现代视角理解和传承这些传统文化。

二、中华人民共和国成立后的进一步发展阶段(1949年至1979年)

中华人民共和国成立后,大学语文教学的主要目标变为培养符合社会主义建设需要的人才。这意味着,除了文学和语言知识的传授外,语

---

① 顾黄初. 中国现代语文教育百年事典[M]. 上海:上海教育出版社,2001:14.
② 张超超. 大学语文课程价值研究[D]. 太原:山西大学,2014.

文教学开始强调马克思主义、毛泽东思想和社会主义理论的学习和宣传。

在教育内容方面，大学语文课程开始集中于现代文学作品的研究，特别是那些与社会主义建设和革命斗争相关的作品。同时，对于传统文学的研究和教学也发生了重大调整，强调其在现代社会中的价值和意义。这一时期，许多传统的文学作品被重新解读，以符合新的社会主义核心价值观。在语言政策方面，中华人民共和国成立后的一个重要任务是普及普通话和推行简化字。这一举措旨在统一国家语言，促进全国各地的交流和教育的普及。在大学语文教学中，强调普通话的教学和使用，其成为语文教学的一个重要方面。在教学方法方面，这一时期的大学语文教学开始重视学生的政治思想教育和道德培养。课堂上更多地采用讲授和讨论结合的方式，旨在培养学生的政治意识和社会责任感。同时，开始尝试将文学作品与社会现实相联系，鼓励学生通过文学学习了解和参与社会主义现代化建设。

三、改革开放与现代化全新发展阶段（1980年至21世纪初）

改革开放与现代化全新发展阶段是大学语文教学的一个重要转型期。在这一时期，教育理念、内容和方法都发生了显著变化。大学语文教学不仅加强了对传统文化的传承，也积极吸收国际先进的文学理论和教育方法。这一阶段的发展不仅丰富了学生的文学知识，提升了其审美能力，还为他们提供了更广阔的文化视野和思考深度。在全球化的大背景下，大学语文教学的理念开始从传统的意识形态教育转向更加开放和多元的方向。这种转变体现在对文学作品的多样化解读以及对西方文学和文化理论的积极引入。在这一时期，学术界开始重视文学作品在艺术性、思想性和文化价值方面的多维度评价。

这一时期，在教学内容方面，大学语文课程开始吸纳更广泛的文学作品和文化现象。传统的古典文学仍占有重要位置，同时，现代和当代文学作品，包括诗歌、小说、戏剧等各类文学形式，也被广泛纳入教学内容之中。此外，西方的文学作品和理论开始成为语文教学中不可或缺的一部分，为学生提供了更加开阔的视野。在教学方法方面，大学语文教学开始强调批判性思维和创新能力的培养。课堂教学逐渐从传统的讲授式转向互动和讨论式，鼓励学生主动思考和深入探讨。同时，开始尝试将文学作品与社会现实相结合，让学生能够从文学中理解社会和历史。这一时期的文学研究也逐渐深化。学者们开始运用更多元的理论来分析文学作品，包括西方的现代主义、后现代主义理论以及东方的传统美学观念。这种跨文化的视角为文学研究带来了新的维度和深度。

随着信息技术的发展，大学语文教学开始融入多媒体和网络资源。网络教学平台和数字图书馆的使用，使学生能够更便捷地获取大量文学资源和学术资料。此外，计算机辅助教学和在线课程也开始成为大学语文教学的一部分。

在全球化的背景下，大学语文教学开始注重培养学生的国际视野和跨文化交流能力。通过学习外国文学和文化，学生不仅能够了解文化的多样性，还能够在全球化语境中理解和传播中国文化。在这一时期，文学与社会的互动也更加紧密。文学不仅是审视和反映社会的一种方式，也成了推动社会变革和文化发展的重要力量。教学中对文学与社会的关系进行了深入探讨，鼓励学生理解文学在社会发展中的作用，为国际传播和文化交流奠定了坚实的基础。

四、信息时代与全球化飞速发展阶段（21世纪初至今）

信息时代与全球化飞速发展阶段是一个充满挑战和机遇的时期。新时期要重新思考和定位大学语文的时代使命。[①] 通过创新的教学方法、多样化的课程内容和跨文学、跨文化的研究视角，大学语文教学在培养学生文学素养的同时，也为他们在国内外生活和工作打下坚实的基础。

---

① 乔芳. 大学语文[M]. 镇江：江苏大学出版社，2020：5.

第一章 大学语文教学概述

信息技术的发展改变了大学语文教学的教学环境和学习方式。网络和数字化资源的广泛应用，使得传统的教学和学习方式发生了革命性的变化。在线教育平台、虚拟课堂、电子图书和数据库等技术的使用，不仅为学生提供了更加丰富和便捷的学习资源，也促进了教学方法的创新。多媒体技术的应用在大学语文教学中越来越普遍。视频、音频、动画等多种形式的媒体被用于丰富课堂教学，提高学生的学习兴趣和参与度。此外，跨媒体的教学方法，如将文学作品与电影、剧本、音乐等艺术形式结合起来，为学生提供了多元化的学习体验。

在全球化的背景下，大学语文教学的课程和研究范围也在扩大。除了中文文学和语言的研究，西方文学、比较文学、世界文化等领域的知识也被纳入课程。这种跨文化和国际视野的培养，使得学生能够更好地理解不同文化和文学传统的多样性。语言技能不仅限于文学和文化知识的掌握，还包括跨文化交流和国际合作的能力。因此，大学语文教学开始注重培养学生的双语或多语能力以及在不同文化背景下有效沟通和表达的能力。数字人文作为一个新兴领域，开始在大学语文教学中占据一席之地。通过数字技术对文学作品的分析和研究，学生能够从新的角度探索文学作品的深层含义。数字化档案、文本挖掘和数据可视化等方法，也为文学研究提供了新的工具和视角。

新媒体时代，文学的创作和传播方式发生了变化。网络小说、微博诗歌、数字故事讲述等新兴形式，不仅丰富了文学的表现形式，还为文学创作和批评提供了新的平台。大学语文教学需要紧跟时代步伐，将这些新形式的文学作品纳入教学和研究。互联网和社交媒体的普及对大学语文教学产生了重大影响。一方面，网络成为学生获取信息、展示创作和交流思想的重要平台；另一方面，网络语言和网络文化的兴起也对传统的语文教学提出了挑战，要求教育者和学生适应新的语言环境和文化形态。信息时代的大学语文教学不仅重视理论的学习，还强调文学与社会实践的结合。通过参与文学创作、文化活动、社区服务等实践活动，学生能够将所学知识与现实社会联系起来，提高文学素养和社会责任感。总之，大学语文教学越来越注重多样性和包容性。这不仅体现在尊重和包容不同文化和文学传统，还体现在对不同学生背景和需求的关注。教育的多样化和个性化成为这一时期的重要特点。

第二节　大学语文教学的原则与特点

大学语文作为我国高校人文素质教育的重要课程，在提升学生的人文素养、提高学生的文学鉴赏能力、强化学生的听说读写能力等方面发挥着重要作用。[①] 在探索大学语文教学的广阔领域时，理解其教学原则和特点显得尤为关键。这些原则和特点不仅构成了教学实践的基础，也反映了教育理念的深刻内涵。它们指导着教师如何更有效地进行教学设计和实施，同时也影响着学生的学习过程和成效。

一、大学语文教学的基本原则

在大学语文教学中，基本原则对于确保教学质量和效果是非常关键的。以下是大学语文教学的基本原则（如图1-1所示）。

图 1-1　大学语文教学的基本原则

---

① 范开田，范语砚. 大学语文教学研究 [M]. 长春：吉林出版集团股份有限公司，2020：3.

（一）工具性与人文性统一的原则

工具性与人文性统一的原则深刻地体现了大学语文教学的双重任务：一是作为工具，语文是沟通思想和情感的媒介，是学术探索和日常交流的基础；二是作为人文学科的核心，语文教学也承担着传承文化、培养价值观和提升人文素养的使命。将这两者融合起来，不仅是一种教学策略，更是对教育理念的深刻理解和实践。大学语文要坚守工具性与人文性相统一的原则，充分激活和挖掘大学语文蕴含的多重价值资源，充分呼应高等教育改革和实际人才培养的需要，为培养德智体美劳全面发展的社会主义建设者和接班人发挥应有的作用。[①] 语文的工具性体现在其作为交流和表达的手段。在高等教育中，这种工具性尤为显著。学生通过学习语文，不仅能掌握听、说、读、写等基本技能，还能在更高层次上进行思维表达和学术交流。例如，在学术写作中，准确而有效的语言使用能帮助学生清晰地表达复杂的观点和论证，这对于学术研究和专业发展具有决定性作用。在日常交流中，良好的语言表达能力也是人际交往和职业发展的关键。

语文教育在人文素养的培养方面也发挥着至关重要的作用。通过阅读经典文学作品，学生不仅能欣赏到语言的美感，更能深入理解不同文化和历史背景下的人类经验和价值观念。文学作品中的人物、情节和主题常常引发学生对人性、社会和生命的深入思考，从而培养他们的同理心和道德判断力。例如，通过对古典文学和现代文学的研究，学生不仅能学习到不同文体和表达技巧，还能深入探讨作品中的哲学和伦理问题，如自由、正义和爱情等主题。这种教学不仅是传授知识，更是引导学生进行深层次的思考和自我反省。将工具性与人文性统一的原则运用于大学语文教学，也意味着要在教学过程中注重语言与文化的关联。语文不仅是表达思想的工具，还是文化传承的载体。在教学中，教师可以结合

---
① 乔芳. 大学语文[M]. 镇江：江苏大学出版社，2020：6.

历史、哲学、艺术等多个领域的知识,帮助学生理解语言在不同文化和社会背景下的多样性和复杂性。例如,通过对比不同时代或不同文化背景下的文学作品,学生可以更全面地理解语言的变迁和文化的多样性。

在教学实践中,实现工具性与人文性统一的原则,需要教师具备跨学科的知识背景和创新的教学方法。例如,教师可以设计一些综合性的课程项目,如文学作品的深度分析、文化研究报告、创意写作等,学生通过完成这些项目,不仅能提升语文技能,还能激发创造力,同时也能获得丰富的人文知识和深度思考能力。在语文教学中,教师还应重视学生个体差异和个性化学习的需要。由于学生的学习背景、兴趣和能力各不相同,教师需要设计灵活多样的教学内容和方法,以满足不同学生的需求。这不仅有助于提高学生的学习兴趣和参与度,还能促进他们全面均衡地发展。

(二)阅读与写作并重的原则

阅读与写作并重的原则强调为了培养学生的全面语文能力,阅读和写作两方面的教学都应该得到同等的重视和发展。在这一原则的指导下,教学不仅致力提升学生的阅读理解能力,还重视培养他们的表达和写作技巧。

阅读是语文教学的基础,它不仅是获取信息和知识的主要途径,还是提升理解能力和审美能力的重要手段。在大学阶段,阅读教学应超越基础的文字理解,扩展到对复杂文本的深入分析和批判性评价。这包括对各类文学作品、学术文章、历史文献等的阅读和理解。通过对这些材料的深入研究,学生不仅能获得丰富的知识和信息,还能提升自己的思辨能力和文化素养。写作则是语文能力的另一个重要方面,它是思考的外化和表达的主要形式。在大学语文教学中,写作教学不仅要关注基本的语法和组织结构,更要引导学生进行创造性思维和批判性写作。这意味着学生不仅要学会如何条理清晰、逻辑严谨地表达自己的思想,还要学会如何在写作中提出独到的见解，进行有效论证，并展现个人的风格和特点。通过写作，学生可以加深对所学知识的理解和运用，同时也能提升自己的创造力和批判力。

为了实现阅读与写作并重的原则，教师需要采取多样化的教学策略。首先，教师可以通过精心设计的阅读材料和任务，激发学生的阅读兴趣，提升他们的阅读技巧。这不仅包括传统文学作品的阅读，还包括现代文学、新闻报道、学术论文等不同类型文本的阅读。通过这样的广泛阅读，学生可以获得多元化的视角和思考方式。在写作教学方面，教师应鼓励学生通过写作来表达自己的想法和观点。这可以通过不同类型的写作任务来实现，如论文写作、创意写作、批判性写作等。教师应提供具体的写作指导和反馈，帮助学生改进写作技巧，提高写作质量。其次，教师应鼓励学生在写作中进行自我表达和探索，发展个人的写作风格。阅读与写作的结合也是实现这一原则的重要方面。通过阅读，学生可以获取写作的灵感和材料，通过写作，学生可以深化对阅读材料的理解和反思。教师可以设计一些结合阅读和写作的综合性任务，如阅读日记、文本分析报告、文学评论等，这些任务可以帮助学生在阅读和写作之间建立联系，提升他们的综合语文能力。

（三）文道统一的原则

文道统一的原则在大学语文教学中占据着十分重要的地位。这一原则的核心在于强调语文教学不仅仅是语言文字的学习，还是价值观念、道德规范以及人文精神的培养。文道统一指的是文章内部的思想和它的语言表达形式能够达到完美一致，这是语文的基本技能，需要教师和学生在开展语文学习的过程中兼顾语文训练和思想方面的教育。[1] 文学作品不仅是文字的艺术展现，还是道德和哲学思想的载体。在这一原则指导下，教学活动不仅要着重于文学知识和技巧的传授，还要注重对学生

---

[1] 侯丹. 大学语文创新教育研究 [M]. 长春：吉林人民出版社，2018：79-80.

进行道德教育和人文素养的培养。

文道统一原则要求在语文教学中深入探讨文学作品背后的道德和哲学问题。每一部文学作品都蕴含着深刻的道德观念和人生哲理。通过对这些作品的学习和分析,学生不仅能提高文学欣赏能力,更能深入理解作品中所反映的社会现实、人性探索和道德思考。例如,通过研究古典和现代文学作品,学生可以了解不同历史时期的社会风貌、文化背景和道德观念,从而在文学学习中获得丰富的人文知识和道德启迪。文道统一的原则强调语文教学应超越纯粹的技巧训练,达到情感教育和价值观塑造的目的。在语文课堂上,教师应引导学生理解并体会文学作品中的情感和价值取向,帮助他们在情感共鸣中形成正确的价值观和人生观。这种教学不仅仅是文学知识的传授,更是对学生情感、道德和人文素养的全面培养。文道统一的原则还意味着语文教学应融入对社会责任感和公民意识的培养。语文作为文化传承和社会沟通的重要工具,其教学不仅仅是语言技能的训练,更是对学生责任感、公民意识和社会参与能力的培养。通过文学教学,学生可以理解和感受作家对社会问题的关注和批判,从而激发他们对社会现实的关心和对公共议题的思考。

在实现文道统一的原则过程中,教师的角色至关重要。教师不仅要传授文学知识,更要引导学生深入理解文学作品中的道德和哲学内涵。这要求教师具备深厚的文学素养和扎实的道德哲学基础。在教学过程中,教师可以通过引导学生进行文学作品的深度解读、组织课堂讨论和辩论,来激发学生对文学作品中道德和哲学问题的深入思考。例如,教师可以选择一些充满道德冲突和哲学思考的文学作品,引导学生探讨作品中的主题、人物行为和道德选择,从而帮助学生形成正确的价值观和人生观。

(四)文史哲整合的原则

文史哲整合的原则强调语文教学不应局限于纯粹的语言文字学习,而应融合文学、历史、哲学等多学科知识,以提供更加全面和深入的教学体验。通过这种跨学科的融合，学生不仅能够提高语文能力，还能在更广阔的知识领域中形成丰富的思考和深刻的理解。

文学、历史和哲学作为人文学科的三大支柱，各自具有独特的学科特色和研究方法。文学强调情感表达和审美创造，历史侧重于事实的记录和时代的解读，哲学则专注于逻辑推理和概念分析。在大学语文教学中，将这三者有效地结合起来，可以帮助学生更全面地理解文学作品。例如，通过历史背景的学习，学生可以更深入地理解文学作品的时代背景和社会环境；通过哲学理论的引入，学生可以更深刻地分析作品中的思想观念和道德问题。

文史哲整合的原则在教学方法上要求创新和多样化。教师需要设计一系列跨学科的教学活动，如文学作品的历史背景研究、作品中哲学观念的探讨、文学与哲学理论的对比分析等。这些活动不仅能够提升学生的学术研究能力，还能激发他们的创造性思维和批判性思维。例如，教师可以指导学生研究某部文学作品在不同历史时期的接受和解读情况，或者探讨作品中反映的哲学观念与现代社会的关联。文史哲整合的原则还要求教育者关注学生的个性化发展和终身学习能力的培养。通过跨学科的学习，学生不仅能够获得丰富的知识和技能，还能培养出独立思考和自我学习的能力。这对于他们未来的学术发展和职业生涯都具有重要意义。

二、大学语文教学的主要特点

大学语文教学是一种具有情感体验、展现生命活力的感性化汉语教学。[①] 其主要特点有以下几个（如图 1-2 所示）。

---

① 邵子华. 大学语文教育学 [M]. 北京：人民文学出版社，2016：426.

大学语文教学理论与实践创新研究

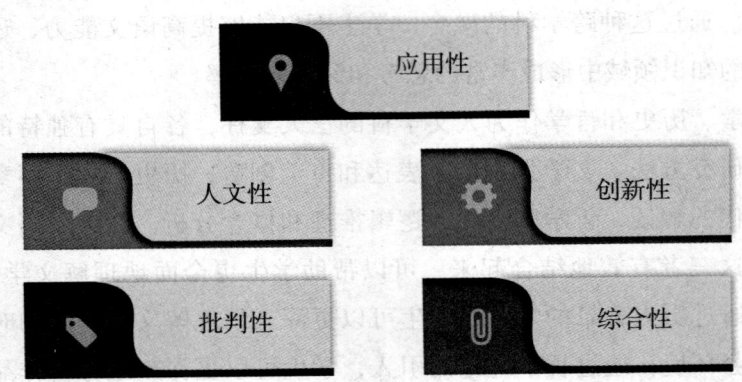

图 1-2　大学语文教学的主要特点

（一）应用性

应用性作为大学语文教学的一个显著特点，强调了语文知识在实际生活和学术领域中的应用价值和重要性。

语文教育无论具有多少功能，但万变不离其宗，其根本前提是学生必须能够正确理解和运用祖国的语言文字。[①] 应用性的核心在于将语文技能转化为实际应用的能力。在大学语文教学中，这一点尤为重要。教师应该主动增强课程的灵活性，打破传统的灌输式教学，增强教学的实用性和实践性，根据市场需求和区域经济的发展适当调整教学。[②] 学生通过学习高级的阅读理解和写作技巧，能够在各种学术、职业和社会场合准确表达自己的观点，实现有效沟通。例如，良好的写作技巧对于撰写学术论文、制作报告，甚至日后的职业发展都非常关键。此外，应用性还体现在学生能够将语文学习与其他学科知识结合起来，形成跨学科的思维模式。例如，在学习法律、历史、哲学等学科时，扎实的语文基础能够帮助学生更好地理解专业知识，提升他们的综合分析能力。大学语文教学的应用性还表现在培养学生的实际交际能力上。语文作为交流

[①] 倪文锦. 语文课程观刍议 [J]. 中国教育学刊, 2013 (2): 77-81.
[②] 邓钗. 互联网时代大学语文教学策略创新研究 [M]. 北京：九州出版社, 2021：3.

的基本工具，其重要性贯穿于人们的日常生活和职业活动中。有效的语言沟通能力不仅有助于学生在学术领域取得成功，还是他们在社会交往和未来职场中不可或缺的技能。因此，大学语文教学需要注重提高学生的口头和书面表达能力，使其能够在不同的交流场合中灵活应用。在实现语文教学应用性的过程中，教师的角色非常关键。教师需要设计具有实际应用背景的教学内容和活动，使学生能够在实际情境中运用所学的语文知识和技能。例如，通过模拟讨论会、辩论赛等活动，学生可以在实际应用中提高自己的语文能力。教师还可以鼓励学生将语文学习与个人兴趣和职业规划相结合，探索语文在不同领域中应用的可能性。

（二）人文性

语文是一门人文学科，学习的过程是一个情感体验的过程，是一个对社会、人生态度的思索过程，也是人生价值观不断形成的过程。[1] 人文性强调的是语文教学在培养学生的人文素养、道德情感和社会责任感方面的作用。这一特点不仅关乎语文知识的传授，还关乎学生作为个体和社会成员的全面发展。

大学语文主要是人文意义上的语文，人文性是其鲜明特征。[2] 在大学语文教学中，人文性体现在对文学、历史和哲学等人文学科的深入探索。这种探索使学生能够超越文字的表面，洞察到作品背后的深层含义，如作者的思想、时代背景和文化价值等。通过对各种文学作品的阅读和分析，学生不仅能够欣赏语言的美感，还能够理解和体会作品所传达的人生哲理和道德观念。例如，对经典文学作品的研究不仅是对艺术形式的欣赏，更是对人性、社会正义和道德伦理的深入探讨。人文性还体现在培养学生的批判性思维和道德判断能力上。在大学语文教学中，教师鼓

---

[1] 邵子华. 大学语文教育学 [M]. 北京：人民文学出版社，2016：3.
[2] 谢东华，王华英. 互联网＋环境下高职语文教学模式改革研究 [M]. 长春：吉林人民出版社，2017：89.

励学生对阅读材料进行深入思考，提出自己的见解和批判。这种教学方法不仅提高了学生的思维能力，还培养了他们对社会现象和人类行为的深刻理解。通过分析文学作品中的复杂人物关系和道德冲突，学生能够学习到如何在复杂的现实世界中做出道德判断和选择。人文性还涉及对多元文化和全球视野的培养。在全球化加速推进的背景下，培养学生的国际视野和跨文化理解能力变得尤为重要。大学语文教学通过引入不同文化背景的文学作品，使学生能够理解和尊重不同文化的价值观和生活方式。这不仅增强了学生的文化敏感性，也为他们未来的交流和合作打下了基础。

（三）创新性

在大学语文教学中，创新性的特点显得尤为重要。这一特点体现在教学方法、课程内容以及学生参与方式的不断更新和改进中，旨在更好地适应当代教育的需求和挑战。

创新性首先体现在教学方法的革新上。随着教育技术的不断发展，大学语文教学正逐渐融入更多现代化的教学工具和平台。例如，数字媒体和网络资源的使用，为传统的语文教学提供了新的维度。通过互动式电子书籍、在线论坛、虚拟现实技术等，学生可以更加生动和深入地理解文学作品，增强学习体验的丰富性和参与感。此外，翻转课堂、项目式学习等现代教学方法的引入，也鼓励学生在课堂外主动探索知识，增强自主学习的能力。在课程内容方面，创新性体现在跨学科整合和多元文化视角的引入。现代大学语文教学不再局限于传统文学的学习，而是包含了电影、戏剧、新媒体艺术等多种文化形态的文本分析。这种跨学科的融合不仅丰富了语文教学的内容，也拓宽了学生的视野。同时，涉猎不同文化和时代的文学作品，有助于学生建立全球化的思维框架，增强他们对世界多元文化的理解和尊重。创新性还体现在学生参与方式的改变上。现代大学语文教学鼓励学生积极参与课堂讨论、小组合作和文学创作等活动。通过这些互动式学习方式，学生不仅能够提高语文技能，还能锻炼他们的创造力和团队合作能力。例如，通过小组合作撰写剧本、制作微电影等项目，学生可以在实践中学习文学创作，同时也能体会团队协作的重要性。

（四）批判性

批判性特点强调的是培养学生的批判性思维能力，使他们能够独立分析文本，形成自己的见解，并对所学知识进行深入的反思和质疑。

批判性思维是高等教育的核心目标之一，它要求学生不仅要理解和记忆所学知识，更重要的是能够对这些知识进行分析、评价和质疑。在大学语文教学中，这一点尤为显著。通过对各种文学作品、批评文章和理论文本的深入学习，学生被鼓励去探索文本背后的意义，挑战传统的解读，提出自己独到的见解。这种教学方法不仅提高了学生的阅读和解析能力，更重要的是锻炼了他们的独立思考能力。批判性在语文教学中还体现在对学生分析能力和评价能力的培养上。教师通过设置开放性的问题、引导深入的课堂讨论和鼓励学生进行文学批评，帮助学生学会从多个角度审视文本，进行深入分析和解读。例如，通过分析一部文学作品的不同解读，学生可以学习到如何在不同理论框架下进行文本分析、如何评价不同批评观点的合理性和局限性。批判性还鼓励学生在学习过程中保持开放和质疑的态度。在面对复杂和多元的文学作品时，学生被鼓励去质疑传统的观点，探索新的解读方式。这种批判性的学习方式不仅有助于学生形成独立的思考能力，也能促进他们创造力和创新意识的发展。

（五）综合性

综合性特点突出了教学过程中知识整合的重要性以及在这种整合中培养学生的多维思考能力和解决问题的综合能力。

综合性的体现首先在于将语文教学与其他学科的学习相融合。这种跨学科的融合方式使得语文教学不局限于传统的文学分析，而是包含了文化研究、语言学、社会学，甚至是心理学的元素。这样的融合不仅丰富了教学内容，还为学生提供了一个全面理解文本和语言运用背后更深层次社会、文化和心理因素的平台。在教学方法上，综合性也表现为多元化的教学手段和活动，例如团队项目、跨学科研究以及结合实际社会问题的案例分析等，这些方法鼓励学生从不同的角度和领域应用语文知识，增加他们对知识的理解和应用的深度。例如，通过分析一部文学作品如何反映社会问题，学生不仅学习了文学分析技巧，还理解了文学与社会现实之间的联系。

综合性还体现在课程设计上。在大学语文课程中，综合性的体现不仅是涵盖广泛的文学作品和理论，还包括结合实际应用的项目。例如，课程可能包括写作工作坊、社会问题的文学探讨，或者文化研究项目，这些都是旨在通过综合不同元素来加强学生的综合思维和实际应用能力。

传统的大学语文课程侧重于文学作品的阅读和理论的学习，但在综合性的课程设计中，这种学习不仅包括经典文学作品，还包括现代文学、少数民族文学、世界文学以及与之相关的各种文学理论。这种广泛的涵盖使学生能够从多个视角和文化背景理解文学，增强其跨文化的理解力和批判性思维能力。综合性的课程设计还强调理论与实践的结合。例如，通过写作工作坊，学生不仅学习文学理论，还能亲自尝试创作，将理论知识应用于实践中。这种方式有助于学生理解理论背后的实际意义，并提高他们的创造性思维和表达能力。大学语文课程中还可能包括对当前社会问题的文学探讨。这种探讨不仅限于文学作品本身，还涉及这些作品如何反映和评论社会问题。这使学生能够将文学与现实世界联系起来，培养他们的社会责任感和批判性思维。

第三节　大学语文课程价值

在不同的时代背景下，大学语文被赋予的历史使命是不尽相同的。相应地，大学语文课程价值也是与时俱进的。大学语文课程价值主要体现在它的个体价值和社会价值两个方面。

一、大学语文课程的个体价值

大学语文课程的个体价值主要体现在提高学生的语文素养、培养学生的思维能力、提升学生的人文素养等方面，从而为他们的全面发展提供重要支持（如图 1-3 所示）。

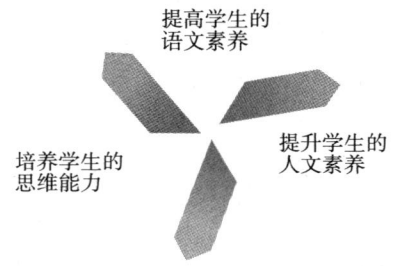

图 1-3　大学语文课程的个体价值

（一）提高学生的语文素养

大学语文课程在提高学生语文素养方面发挥着不容忽视的作用。语文素养不仅是指对语言文字的掌握，还是一种包括文学鉴赏、文化理解等能力的综合体现。李维鼎先生曾这样解释"语文"："'语文'就是'言语'；'语文教育'就是'言语教育'；要言之，即通过听、说、读、写等言语活动去培养听、说、读、写的能力，以适应社会生活中的听、说、读、写的需要。"[①] 大学语文课程对于提高学生的语文素养具有重要意义，这种素养主要体现在阅读能力和写作技能两个方面。

---

① 李维鼎. 语文言意论[M]. 上海：上海教育出版社，2000：70-71.

阅读作为一项复杂的行为活动，其核心在于学习如何从文本中提取有效信息。在高等教育阶段，大学语文课程不仅继承了中学语文教育的基础，而且在内容的丰富性和学习深度上都有了显著的提升。大学语文教材中所选作品的范围十分广泛，包括从古代到现代、从国内文学到国际作品、从诗歌到议论文等各种体裁。这种广泛的文学作品选择不仅为学生提供了一个更加开阔的阅读视野，而且还帮助他们接触到不同文化和历史背景下的思想和表达方式。相较于中学阶段，大学语文的教材篇目数量也大大增加，这无疑增加了学生接触不同文风和思想的机会。大学语文教学的一个显著特点是对学生阅读技巧的培养和能力的提升，在教学过程中，教师的主要任务不再是简单地教授学生如何分析课文，而是引导他们通过细节深入分析和理解文学作品。这种教学方式鼓励学生反复阅读和分析文本，从而逐渐掌握作者的写作思路，发现文学作品中的重点章节和核心内容。在这样的阅读训练中，学生不仅能够提取出文章或作品的关键信息，还能够培养出对文本的敏感度和洞察力。通过对不同作者、不同时期、不同文化背景下作品的深入阅读和分析，学生能够学习到如何识别不同文体的特点、理解复杂的思想和情感表达以及评价文学作品的艺术价值。大学语文课程还重视培养学生的批判性阅读能力，这不仅是对文本内容的理解和分析，更是对文本背后思想和观点的深入探讨。学生被鼓励去质疑、去思考，而不仅仅是被动接受。这种批判性的阅读方式对于学生形成独立思考的习惯至关重要，也是他们终身学习的基础。

写作技能是学生表达自己思想、情感和观点的基本工具，在学术和职业领域都有着广泛的应用。在大学阶段，写作技能的培养不是仅停留在基础语法和句式的掌握上，而是更加注重思想的表达、逻辑的构建以及风格的形成。

大学语文课程通过各种写作练习，帮助学生提升他们的表达能力。这些练习不仅包括传统的学术论文写作，还包括创意写作、批判性写作以及其他各种形式的文体写作。在这些练习中，学生被鼓励不只要关注文字的准确性和语法的正确性，更重要的是如何有效地表达个人的观点和思想。在进行写作练习时，学生会学习到如何组织文章结构，使其具有清晰的引言、紧密的论证和有力的结论。这种结构上的训练不仅提升了文章的逻辑性，还使得文章更具说服力。同时，通过对不同类型文本的写作练习，学生能够学会如何根据内容和目的选择合适的写作风格和技巧。大学语文课程中的写作教学也强调思维的深度和广度。学生被鼓励进行批判性思考和创新性表达，这不仅使他们能够在写作中展现个人独特的思想和风格，还能够提升他们分析问题和解决问题的能力。通过不断地写作练习，学生能够在探索和表达复杂概念及思想时变得更加自信和熟练。在大学语文教学过程中，教师的角色不仅仅是传授写作技巧，更重要的是作为引导者和启发者，帮助学生发现和培养自己的写作潜能。通过对学生作品的反馈和指导，教师能够帮助学生识别和改进写作中的不足，同时也鼓励他们保持和发展个人的写作风格。

大学语文课程中对文化素养的培养占据了核心地位。这种素养不仅体现在对文学作品的深入理解上，还体现在对人类文化遗产的广泛认知和欣赏上。通过阅读、研究各个时期和地区的文学作品，学生能够获得对不同文化和历史背景的深入了解。文学作品不只是艺术创作的展示，它们也反映了特定时代的文化、社会和政治状况。在全球化日益加深的今天，对文化多样性的开放和尊重态度变得尤为重要。大学语文课程通过介绍不同国家和民族的文学作品，不仅能提升学生的文化认知，还能培养他们的跨文化沟通能力。这种能力对于他们未来适应多元环境至关重要。文化素养的培养还涉及对艺术和审美的理解。课程中包含的赏析文学作品艺术形式的内容，如诗歌的韵律、小说的叙事技巧等，不仅使学生欣赏到文学作品的美学价值，还深化了他们对艺术创作过程的理解。这种审美能力的提升，丰富了学生的精神生活，促进了他们对美的深入认识。文化素养也包括对道德和伦理问题的思考。文学作品经常探讨诸如正义、自由、责任等深刻的道德和伦理问题。通过学习和讨论这些作品，学生可以形成自己对这些问题的看法和立场，对个人的道德成长和作为社会成员的责任认知具有重要意义。

（二）培养学生的思维能力

在大学语文课程教学中，培养学生的思维能力尤其是批判性思维和创新思维能力非常必要。这种教学不仅仅是关于文学知识的传授，还是关于如何思考、如何分析和如何创新的过程。批判性思维和创新思维能力的培养对于学生的个人成长、学术发展以及未来职业生涯至关重要。

批判性思维能力是指个体分析、评价和解释信息的能力。在大学语文教学中，这种能力的培养渗透于对文学作品的深入分析和批判性探讨中。学生通过阅读和分析各种文学作品，不仅学会接受信息，还学会质疑、分析和评价。例如，在阅读一部历史小说时，学生既要理解故事情节，又要探究其对历史事件的描述和解释是否准确、作者是否有偏见等。在课堂上的辩论和讨论中，学生学会如何提出问题、怎样论证自己的观点、如何评价和反驳他人的论点。这种互动性的学习方式有助于学生形成独立和批判的思考习惯。大学语文课程鼓励学生从多个角度理解和分析文学作品，这种多元视角的思考方式使学生能够更全面地理解复杂的问题，也有助于培养他们的批判性思维。

创新思维能力则是指能够产生新的、有创意的想法和解决问题的方式。大学语文课程通过鼓励学生进行创造性的思考和写作，来发展学生的创新思维能力。在创意写作过程中，学生学会如何突破常规，尝试新的主题和表达方式。例如，在写作课程中，学生可能会被鼓励创作一部融合了多种文化元素的短篇小说，这样的任务迫使他们超越传统思维，探索新的创作领域。在分析文学作品时，学生被鼓励提出新的解释和理解方式，这不仅包括对传统解读的挑战，也包括对作品的现代应用和重构。例如，学生可能会探讨一部古典文学作品在当代社会新的解读方式。

大学语文课程常常与其他学科相结合，比如历史、哲学和社会学，这种跨学科的学习方式能够激发学生的创新思维。学生学会如何将文学作品与其他领域的知识相结合，从而产生新的理解和见解。

（三）提升学生的人文素养

大学语文课程在提升学生的人文素养方面发挥着重要作用。通过道德水平的提高、审美能力的增强和心理素质的加强，学生不仅在学术上得到发展，也在个人成长和未来职业生涯上获得了宝贵的资本。

提高学生的道德水平是大学语文课程的教学目标之一。通过阅读和分析各种文学作品，学生可以接触到不同的文化、历史背景和社会环境下的道德问题。文学作品常常涉及复杂的道德困境和伦理选择，如正义、责任、忠诚和牺牲等主题。在学习这些作品的过程中，学生被引导去思考和讨论这些道德问题，从而促进他们自身道德观念的形成和发展。例如，通过研究一部关于战争的小说，学生可以探讨战争的道德复杂性，如战争的正义性、个人的道德责任和集体的道德选择等。这样的讨论可以帮助学生建立起对道德和伦理问题的深刻理解，也会促使他们形成自己的道德判断和立场。

增强学生的审美能力是大学语文课程另一个价值体现。通过对各种文学和艺术作品的学习和欣赏，学生能够提升自己对美的认识和理解。文学作品不仅是语言艺术的展示，还是情感、思想和美学的综合体现。在分析和欣赏这些作品的过程中，学生学会如何欣赏不同风格和形式的美，理解作品背后的艺术创作过程和美学价值。这种审美能力的提升不仅促进了学生对美的深入认识，还丰富了学生的精神生活。例如，通过研究一首诗歌的韵律和意象，学生可以学会欣赏诗歌的语言美和情感表达，理解诗歌如何通过特定的文学形式来传达深刻的思想和情感。

加强学生的心理素质也是大学语文课程的一个重要价值。文学作品常常探讨人物的内心世界和情感经历，这为学生提供了理解和探索人类心理和情感的机会。通过对文学作品中人物的分析，学生可以学习如何理解复杂的情感和心理状态，如爱、恨、恐惧、悲伤和喜悦等。这种理解有助于学生建立起对人性的深刻认识，也有助于他们理解和处理自己的情感和心理问题。例如，通过分析一部小说中的主要人物，学生可以探讨该人物的心理动机和情感冲突，理解人物行为背后的心理因素。这样的学习不仅增强了学生的同理心和情感智力，还促进了他们的心理健康和个人成长。

二、大学语文课程的社会价值

大学语文课程的社会价值不仅体现在提升个人能力上，还体现在培养学生的社会责任感、文化理解和生态意识上。这些内容对于学生成为负责任和有见识的社会成员具有不可估量的价值（如图1-4所示）。

图1-4　大学语文课程的社会价值

（一）政治价值

在全球化和信息时代的背景下，政治教育变得尤为重要，大学语文教学在这方面扮演着关键角色。通过文学作品的学习和分析，学生不仅能够获得对历史政治事件的深入理解，还能够培养对当代政治问题的敏感性和批判性思考能力。

文学作品中包含了丰富的政治内容，无论是直接描绘政治事件的，还是隐喻性地反映社会政治状况的，学生在学习这些文学作品时，会被引导去探讨和理解作品中所反映的政治理念、社会运动和政治冲突。例如，通过研究关于战争的文学作品，学生可以深入了解特定历史时期的政治背景，理解不同政治力量的作用和影响。大学语文教学还能够促进学生对权力、政治制度和公民责任的理解。通过文学作品中的政治议题，学生被鼓励去思考如何在复杂的政治环境中做出道德和理性的判断，如何作为公民参与政治生活。这种教育有助于培养学生的政治参与意识和责任感，使他们能够更好地理解和参与公共事务。学生通过对不同文化和历史背景下的文学作品的学习，可以建立起全球政治视角。在多元文化的语境下，学生被鼓励去理解不同国家和文化的政治体系和政治问题。这种跨文化的政治教育对于学生形成全球化时代的政治观念起到关键性作用。

（二）经济价值

大学语文课程的经济价值体现在多个层面。课程通过提高学生的语言能力和沟通技巧，增强他们的职业竞争力。在当今快速变化的经济环境中，良好的沟通能力被视为职场成功的关键因素之一。学生学习了如何有效地表达思想、清晰地撰写报告和论文，为进入职场做好了准备。大学语文教学还促进了学生创新能力的发展，这些能力在现代经济中被高度重视。创新是推动经济发展的主要驱动力，而批判性思维则是解决复杂问题和制定有效决策的关键。通过分析文学作品，学生学会了如何从不同角度思考问题，这种思维方式对于他们在未来的工作中发挥创造性和解决棘手问题具有重要作用。大学语文课程还有助于培养学生的跨文化交流能力。随着全球化程度的日益加深，企业越来越需要能够在多元文化环境中有效沟通的员工。通过研究不同文化背景下的文学作品，学生能够更好地理解和尊重文化的多样性，这对于在全球化背景下的商务交流和国际合作具有重要意义。

（三）文化价值

大学语文课程在文化价值方面的贡献是多维度的。它不仅帮助学生建立起对祖国文化的深刻理解，还拓宽了他们的国际视野，促进了跨文化的交流和理解，同时也激发了他们对文化创新的热情。大学语文课程对于培养学生成为具有全球视野和文化敏感度的现代公民具有重要意义。

大学语文是一门集文、史、哲及艺术于一身的综合性课程，在培养大学生的文化素养上有着其他学科无法比拟的优势。[①] 通过研究和分析各种文学作品，学生可以深入了解不同时期和地区的文化背景、社会习俗和思想观念。这种深入的文化学习使他们能够跨越时间和空间，感受和理解不同文化环境下人类的生活方式和思想感情。例如，通过阅读古代诗歌，学生能够领略到那个时代的审美情趣和文化特点；通过现代小说，他们能够洞察现代社会的复杂性和多样性。大学语文课程还强调跨文化交流和理解的重要性。在全球化背景下，这种跨文化视角的培养对于学生理解和尊重不同文化的价值观和习俗具有重大意义。学生通过学习不同国家的文学作品，能够建立起全球化视野，促进文化多样性的相互理解和尊重。大学语文课程还促进文化创新。通过对传统文学的研究和当代文学创作的探索，学生被激励去创造新的文学表达形式，将古老的文化元素与现代的思想和技术相结合。这种创新不仅丰富了文化遗产，也为文化的传承和发展注入了新的活力。

（四）生态价值

大学语文课程的生态价值体现在它如何增进学生对自然环境的认识和尊重，以及如何培养对生态问题的深刻理解和责任感。在当前全球面临的环境危机和气候变化的背景下，这一价值显得尤为重要。

通过研究文学作品，尤其是那些描绘自然景观、探讨人与自然关系

[①] 王双同．大学语文教学研究[M]．北京：中国商务出版社，2019：75.

的作品，学生可以获得对自然世界的深刻感悟和欣赏。文学作品中对自然的描绘不仅是艺术表达的一部分，还是对人类与自然关系的深刻反思。这些作品能够激发学生对自然美的认识，增强他们对环境保护的意识。大学语文课程通过分析那些涉及环境问题的文学作品，如关注生态破坏、物种灭绝和气候变化等主题的现代文学，使学生能够对当前的环境危机有更深刻的理解。这种理解不仅涉及知识层面，还触及情感和价值观层面，促使学生思考如何采取行动，以应对环境挑战。大学语文教学还鼓励学生通过创造性写作来表达他们对自然和环境的关注。学生被鼓励用自己的文字来反映和评论环境问题，这不仅是对个人创造力的培养，也是对环境意识的进一步加强。通过这种方式，学生可以将对自然环境的关注转化为有力的文学表达，进而影响更广泛的社会群体。

第二章 大学语文教学的理论基础

第一节 三全育人理论

三全育人是一种教育理念,也是一个全面系统的指导思想,是"大思政"格局形成的标志。① 三全育人理论作为一个全面系统的指导思想,不仅关注于学生的知识掌握,还关注其能力的培养和情感的发展。其核心目的是培养具有全面素质、均衡能力和健全人格的学生,使其能够适应并积极参与现代社会。

一、三全育人的内涵

三全育人的内涵包含了以全员育人、全过程育人、全方位育人为核心的教育理念、教育原则和教育机制(如图 2-1 所示)。其强调高校在育人过程中,要以人员、环境、过程等要素为依托,以各种手段实现提高大学生的素养、思想境界的目标。②

---

① 苏基协. 新时代高校"三全育人"理论与实践创新研究[M]. 西安:西北工业大学出版社,2022:1.
② 李沐曦. 新时代高校"三全育人"理论与实践研究[D]. 长春:吉林大学,2022.

第二章　大学语文教学的理论基础

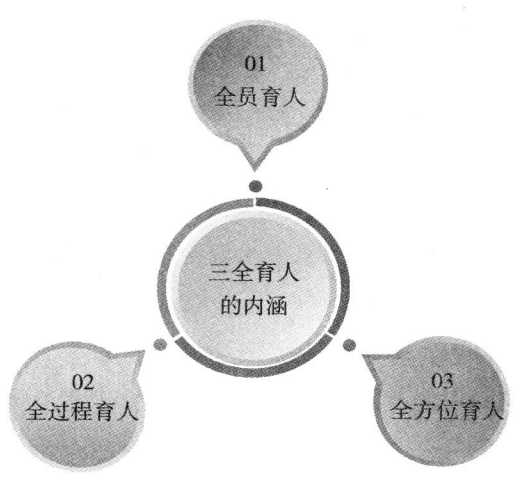

图 2-1　三全育人的内涵

（一）全员育人

全员育人强调的是施教者的范围。学生的教育并非仅是学校的职责，而是涉及家庭、社会乃至学生自身的广泛参与。它强调高校的全体教职员工应积极参与育人工作，加强育人意识和责任，将育人要求和元素贯穿于不同群体和岗位。全员育人不仅包括传统的教学人员，如党员领导干部、各类教师和辅导员，还包括管理教辅人员、后勤服务人员以及学生自身、校友和校外人士。这种全面的育人格局旨在形成学校、家庭、社会、学生"四位一体"的教育共同体，从而在更广泛的社会层面上推动学生的全面发展。

在大学语文教学中，全员育人理念的实践意味着所有与学生发展相关的人员都应具备育人意识，发挥各自的教育作用。这种多元化的育人主体不仅包括直接参与教学的教师，还包括对学生进行生活指导和情感支持的人员。全员育人还强调家庭和社会对学生成长的重要影响，提倡社会各界参与学生的教育过程，共同为学生的全面发展提供支持。这样的教育模式有助于打破教育的界限，实现更全面、更深入的学生发展。

（二）全过程育人

全过程育人是从时间维度提出的育人要求。[1]全过程育人强调教育应当覆盖学生在大学的整个学习周期——从入学到毕业。这一理念认为教育不应局限于专业知识的传授，而应包括学生在思想、心理、情感、社会实践等多方面的全面发展。它要求教育活动的连续性和一贯性，确保学生在不同学习阶段都能获得均衡和全面的教育。

在大学语文教学中，全过程育人的实施意味着教育内容的广泛性和多样性。除了文学和语言知识的学习，还应包含思想政治教育、文化素养、创新能力培养等。此外，这一理念还强调对每个学生的个人发展和成长给予关注，提供个性化的教学和指导。实践全过程育人理念的目标是培养学生的终身学习能力，使其意识到学习不仅仅是学校教育的一部分，还是一个持续的、终生的过程。通过这种教育模式，学生不仅能在学术上得到发展，还能在个人品质、社会责任感和综合素养等方面获得提升。

（三）全方位育人

全方位育人是从空间维度提出的育人要求。[2]它强调教育应从多个角度全面地影响和促进学生的发展。这一理念不仅涵盖了学术知识的传授，还包括学生在情感、道德、社会、文化以及心理等方面的成长。全方位育人的目的是培养学生成为具有全面发展的个体，既在学术上有所成就，又在个人品格、社会能力和文化理解上有所提升。

在大学语文教学中，全方位育人的实施意味着教育内容和方法具有广泛性和多样化。除了传统的文学和语言知识教学，还应包括文学作品

---

[1] 杨道建. 新时代高校三全育人理论与实践[M]. 镇江：江苏大学出版社，2021：17.

[2] 杨道建. 新时代高校三全育人理论与实践[M]. 镇江：江苏大学出版社，2021：18.

中的价值观教育、文化多样性的理解以及社会责任感的塑造等。此外,这一理念还强调学生的情感教育和心理健康,鼓励学生通过文学作品来理解和表达复杂的情感以及提升对自我和他人的理解。通过全方位育人的实践,学生不仅能在语文学科上获得坚实的知识基础,还能在思维方式、情感表达、社会交往和文化理解等方面得到全面发展。这种全面的教育方法有助于学生形成更加丰富和多元的人生观和价值观,为其未来的社会生活和职业发展奠定坚实的基础。

二、三全育人理论的核心要义

三全育人理论的核心要义体现在其全面、系统、协调的教育理念上,旨在实现学生在知识、能力和情感等方面的全方位发展。这一理论的核心要义可以概括为以下几点(如图 2-2 所示)。

图 2-2 三全育人理论的核心要义

(一)全面性和综合性

全面性和综合性强调在教育过程中应实现学生知识、技能和情感三个方面的均衡发展。这种全面和综合的教育方式促使学生在学术上取得成就,同时在个人能力和情感智力方面也获得发展,从而成为具有全面素质的人才。

在大学语文教学中,这一理念的实践意味着教学内容不仅限于语文学科知识的传授，还包括如沟通技巧、创造性表达等技能的培养，以及对文学作品的情感理解和价值观的教育。通过这种多元化的教学方法，学生能够在多个维度上获得成长和提升。

（二）持续性和系统性

持续性和系统性主张教育不应仅仅在某个特定时期或某些特定领域进行，而应该贯穿学生的整个学习生涯。在这一理论框架下，大学语文教学应当注意学生从入学到毕业的每一个学习阶段，确保教育活动的连续性和一致性。教学内容应该系统性地组织，以确保学生逐步构建起完整的知识体系。此外，这种持续性和系统性的教育也有助于学生形成全面而深入的理解，促进其个人品格和社会技能的发展。

简言之，持续性和系统性是确保学生在大学期间获得全面和深入教育的关键，它不仅涵盖学术知识的传授，还包括个人能力、情感智力和社会责任感的培养。

（三）参与性和协作性

参与性和协作性强调教育是一个涉及多方的过程，每个参与者都在教育和培养学生方面扮演着重要角色。在这一理论下，教育不再仅仅是教师与学生之间的互动，而是一个包括家庭、社会等多方参与的综合体系。这样的教育模式鼓励各方面积极参与学生的成长和教育过程，共同分享教育资源，承担教育责任，从而形成一个协作和支持的教育环境。

通过这种多方参与和协作，学生可以在一个更为全面和丰富的环境中学习和成长，从而更好地培养其全面发展的能力。这种教育模式不仅有利于学生知识和技能的学习，还有助于其情感、社会交往和文化理解等方面的发展。

(四)实践性和应用性

实践性和应用性强调教育过程应紧密结合学生的实际应用和社会实践。这一概念突破了传统教育模式中理论知识与实际应用之间的隔阂,倡导教育内容应与学生未来的职业生涯和社会生活密切相关。目的是确保学生既能掌握理论知识,又能将这些知识应用于解决现实问题和参与社会实践。

在大学语文教学中,教学内容不仅关注文学和语言学的理论知识,还包括如何将这些知识应用于实际情境。例如,通过文学作品的分析,学生学习如何在现实社会环境中理解和应用文学的理论和观点。同时,这种教育理念鼓励学生通过参与实习、社区服务和其他社会实践活动来发展他们的实际应用能力。

三、大学语文教学中三全育人的融入

三全育人理论的融入为大学语文教学带来了全新的视角和方法,不仅提高了语文教学的效果,还促进了学生作为整体人格的全面发展。以下是该理论融入大学语文教学的具体方式(如图2-3所示)。

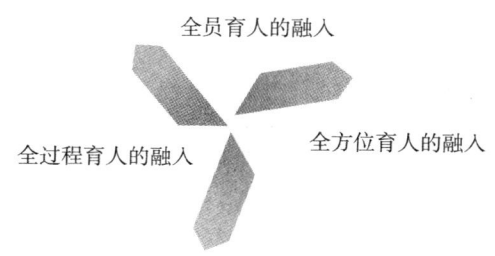

图2-3 大学语文教学中三全育人的融入

(一)全员育人的融入

全员育人的理念强调教育过程不只是教师和学生之间的互动,而是需要整个教育体系中的每一个成员共同参与。这意味着不只是语文教师,还包括行政人员、教辅人员、家庭成员甚至社会成员,都应该参与到学生的教育和培养中来。在大学语文教学中,这个理念可以通过以下几个方面体现出来:

第一,教师的角色从单纯的知识传授者转变为学生成长的引导者和支持者。语文教师在传授文学和语言知识的同时,还应关注学生的情感发展、价值观塑造和创新能力培养。教师应通过开放式讨论、批判性思考训练和创新写作等方式,激发学生的思考力和创造力。

第二,学生在全员育人模式下被赋予了更加主动的角色。学生被鼓励参与课堂讨论,完成独立或小组项目,甚至参与课程设计和评估过程。这样的参与不仅增强了学生的学习动力,还促进了他们的自主学习能力和团队合作精神。

第三,家庭和社会的参与也是全员育人不可或缺的一部分。家庭对于学生的态度、价值观和学习习惯的形成具有重要作用。因此,在大学语文教学中,家长的参与和支持可以通过家庭作业、家长会和家庭阅读活动等形式实现。同时,社会实践活动如文学沙龙、公共演讲和社区服务则为学生提供了将所学知识应用于实际生活的机会。

第四,全员育人还体现在学校整体环境的营造上。学校应提供一个多元、包容和创新的学习环境,鼓励学生之间的交流和合作,促进学生全面发展的文化氛围。其中应包括丰富的课外活动、开放的学术讨论平台和支持性的辅导服务。

(二)全过程育人的融入

全过程育人在大学语文教学中的实施,旨在提供一个连续的、多层次的教育体验,不仅涵盖学术知识的学习,还包括个人能力的培养和实际应用的机会。在这一框架下,大学语文教学不仅关注学生在特定课程或学期的学习,还关注他们的长期学术成长和个人发展。

在大学语文教学实践中,全过程育人意味着教育内容和教学策略需要随着学生学习阶段的变化而调整。例如，对于初入学的学生，重点可能放在基础语言技能和文学知识的学习上，而对于高年级学生，则可能更多关注批判性思考、文学理论的深入理解和创造性写作。这种教学策略的逐步深入和适应性变化，有助于学生在不同阶段获得适当的知识和技能，同时也鼓励他们对所学内容进行深入思考和应用。全过程育人还包括将课堂学习与实际应用相结合，这意味着教学不仅限于理论知识的传授，还应鼓励学生参与实践活动，如文学创作、研究项目、社会实践等，以便他们能够将所学知识应用于现实生活中，增强自己的实践经验和应用能力。

（三）全方位育人的融入

在大学语文教学中，全方位育人的融入是通过综合和多元化的教育方法来实现的。通过这种教育方式，学生能够在知识掌握、技能发展、情感智力、道德观念和社会责任感等方面获得均衡发展，为其成为全面人才打下坚实的基础。

全方位育人的目的在于培养学生成为全面发展的个体，不仅在学业上有所成就，还在情感智力、社会责任和文化理解上有所提升。在大学语文教学中实现全方位育人，意味着教学内容和方法需要涵盖学生的全面发展。除了语文学科知识的传授，教育活动还应包括培养学生的沟通能力、创造力和社会参与能力。这种教育方法促使学生不仅能够理解和欣赏文学作品，还能够在深入分析文学作品的过程中发展自己的思考和表达能力。全方位育人还包括对学生情感和道德教育的重视。在大学语文课程中，教师可以通过文学作品来讨论和探索复杂的情感和道德问题，帮助学生发展同理心和道德判断能力。同时，通过文学作品中的社会、文化和历史背景，学生可以更好地理解不同文化和社会现象，从而培养出更为全面的世界观。全方位育人在大学语文教学中的融入还强调提供多样的学习和实践机会。这可能涉及课堂外的文学活动、社区服务、文学创作比赛等，通过这些活动，学生不仅能够将课堂所学应用于实践，还能在实际活动中发展个人兴趣和社会技能。

第二节 人本主义学习理论

人本主义学习理论强调学习过程中学生的主体地位和个性化需求，倡导以学生为中心的教育模式。它认为，教育应关注学生的个人发展和自我实现，而非仅仅传授知识。在大学语文教学中，人本主义理论的应用不仅能够激发学生的学习兴趣和创造力，还能够促进他们独立性的发展。

一、人本主义学习理论简述

人本主义学习理论，作为教育领域的一种重要理论框架，强调学生的个体性、主体性和整体性。这一理论源自20世纪中叶的人本主义心理学，特别是亚伯拉罕·马斯洛（Abraham Maslow）和卡尔·罗杰斯（Carl Rogers）的思想。人本主义学习理论认为，教育过程应关注个体内在的需求和潜能，促进学生自我实现和全面发展。在人本主义学习理论中，学生被视为独立的个体，拥有独特的感受、想法和经验。这一观点与传统的教育理论形成鲜明的对比，后者往往强调标准化和一致性。人本主义教育强调教育应当适应个体的特殊需求，尊重每个人的独特性和自主性。

人本主义学习理论的核心是学生的自我实现。该理论认为，每个人都有实现自身潜能的内在动力。教育的目的是帮助学生认识和发展这种潜能，开发个人的最大潜力。在这个过程中，教育者不仅是知识的传授者，还是学生自我发现和成长的引导者、支持者。情感因素在人本主义学习理论中占据重要地位。情感不仅影响学生的学习动机和学习效果，还是个人成长和发展的重要组成部分。因此，创造一个支持性的学习环境，其中包括对学生情感的理解和尊重，这是教育过程中不可或缺的。

人本主义学习理论还强调教育的整体性。学习不仅仅是认知过程的提升，还包括个人价值观、态度和行为模式的发展。教育应当促进学生在认知、情感和社会互动等方面的均衡发展。

二、人本主义学习理论的主要观点

人本主义学习理论为教育提供了一个以学生为中心的视角，强调教育的目的不仅在于知识的传递，还在于支持学生的全面发展和自我实现。人本主义学习理论的主要观点如下（如图2-4所示）。

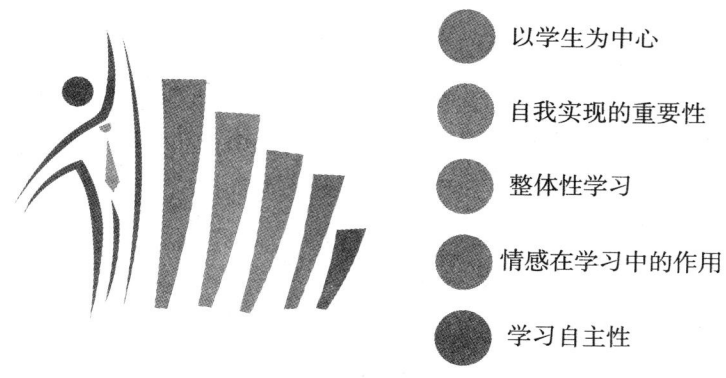

图2-4 人本主义学习理论的主要观点

（一）以学生为中心

人本主义学习理论强调每个学生的独特性、个人兴趣和需求，而不是将他们视为被动接受知识的容器。以学生为中心的观点认为，教育的首要任务是认识和满足每个学生的个性化需求，而不仅仅是完成课程大纲或达成标准化测试的目标。在这种教学模式下，教师的角色转变为引导者和促进者，他们的任务是创造条件，让学生能够根据自己的节奏和兴趣进行学习。这就要求教师教学中灵活机动，能够调整教学方法和内容以适应不同学生的需求。例如，教师可以提供多种学习材料和活动，让学生根据自己的兴趣和学习风格选择最适合自己的学习路径。以学生为中心的教学同样强调学生的自我探索和自我表达。学生被鼓励探索自己的兴趣和激情，发展自我意识，这在学习过程中是非常重要的。通过这种方式，学习变得更有意义，学生更有可能全身心投入学习中，从而提高学习效果。

这种方法还重视学生自主性的培养。在以学生为中心的环境中，学生被鼓励质疑、探索和反思，而不仅仅是被动地吸收信息。这种教育方式有助于培养学生的创新能力和问题解决能力，这些能力在他们未来的学习和职业生涯中都是非常必要的。

（二）自我实现的重要性

自我实现指的是个体实现其最大潜能的过程，是人类发展的最高阶段。教育者不仅要帮助学生学习知识和技能，还要探索和实现他们的内在潜力和兴趣。自我实现的核心在于它强调个体的独特性和创造性。每个学生都有不同的能力、兴趣和目标，教育者应当提供支持，帮助他们探索这些潜能。这种教育方式鼓励学生追求学术上的成就，同时追求个人的兴趣和热情，以及心灵和情感的成长。

为了促进学生的自我实现，教育者需要了解每个学生的个性和需求，并提供适应这些需求的学习环境和资源。其中包括个性化的学习计划、鼓励学生参与决策过程，以及提供机会让学生在他们感兴趣的领域中探索和实验。自我实现还强调自我反思和自我评估的重要性。学生被鼓励思考自己的学习过程、目标和成就，以及他们如何与自己的价值观和长期目标相联系。这种自我指导的学习方式有助于学生建立自我认知和自我效能感，这对于他们的个人和职业发展具有重要作用。

在教育实践中，促进自我实现的一个关键策略是创造支持性和挑战性的学习环境。这样的环境不仅安全、鼓励探索，还能提供足够的挑战，促使学生超越舒适区，探索新的可能性。

（三）整体性学习

人本主义学习理论认为学习不仅是关于知识的获取和技能的发展，还包括个人的情感、社会、道德和身体各方面的成长。这种观点认为，教育应致力培养全面发展的个体，而不仅仅是传授专业技能或学术知识。整体性学习的核心在于促进学生在多个维度上的发展，包括认知（思维能力、知识掌握）、情感（情感认知、自我意识）、社交（人际交往、团队合作）和身体（身体健康、运动技能）。这些方面相互关联，可以共同促进一个人的全面成长。

在实施整体性学习时，教育者需要采用多元化的教学方法，以满足不同学生的多样化需求。例如，除了传统的课堂讲授，还包括小组讨论、实践项目、艺术表达、身体运动等活动。这样的方法有助于学生在不同领域获得经验，发展多方面的能力。整体性学习还强调学习过程中情感和价值观的重要性。学生不仅要学习"知道什么"（know-what）和"知道怎么做"（know-how），还要理解"为什么这样做"（know-why）。这涉及价值观的探讨、道德判断的形成以及对社会和环境的责任感。

（四）情感在学习中的作用

在人本主义学习理论中，情感的作用被高度重视，因为它对学习过程和成效有着深远的影响。情感不仅影响学生的参与度和动机，还与记忆的形成、保持和检索密切相关。此外，情感还是个体在学习过程中建立自我认识和发展社交技能的关键要素。

情感在学习中的作用体现在它如何激发和维持学生的兴趣和参与度。当学习内容能够触及学生的情感时，他们更有可能投入学习中，显示出更高的动力和积极性。例如，通过文学作品、案例研究或实际项目，学生可以经历一系列的情感体验，从而更深刻地理解和内化学习内容。情感体验也能强化记忆，学习材料如果能引起学生的情感共鸣，他们就更容易记住信息。这是因为情感体验与大脑中处理记忆的部分紧密相连。因此，在教学过程中融入情感元素，如情感动人的故事或情境，可以增强学习效果。情感智力，即识别、理解和管理自己及他人情感的能力，在学习过程中同样重要。这种能力有助于学生在社交互动中展现同理心，更好地与他人沟通和合作。在团队项目或小组讨论中，良好的情感智力可以促进团队有效地合作，从而提高整体的学习效果。情感还在促进学生的个人成长和自我认识方面发挥作用。通过反思学习过程中的情感体验，学生可以更好地了解自己，包括自己的价值观、态度和信念。这种自我反思促使学生成长为成熟、自我意识强的个体。

（五）学习自主性

学习自主性强调学生在学习过程中扮演主动和中心的角色。自主学习的理念基于这样的认识：当学生在学习过程中拥有更多的控制权和选择权时，其学习效果会更好，因为这种方法能够激发学生的内在动机，增强他们的参与感和责任感。

自主学习的实践意味着学生不仅要参与知识的获取，还要参与设置学习目标、选择学习资源、规划学习路径以及评估学习成果。这种方法鼓励学生根据自己的兴趣、需求和学习风格来引导自己的学习。在这一过程中，学生被看作积极的信息加工者，而不是被动的信息接收者。学习自主性还包括对学习过程的自我反思。学生被鼓励定期反思自己的学习过程和策略，识别自己的强项和需要改进的地方。通过这种自我评估，学生可以更有效地调整他们的学习方法，以实现更好的学习效果。教师在促进学生学习自主性方面扮演着重要角色。他们的任务是为学生提供必要的支持和资源，同时给予他们足够的空间来探索和实践。这可能包括提供多样化的学习材料、设计开放式的课程活动以及鼓励学生在课堂上提出问题和参与讨论。

学习自主性与技术的使用密切相关。在当今数字时代，学生可以通过互联网和各种数字工具来获得大量的信息和资源。利用这些工具，学生可以更加自主地探索知识，参与在线学习社区，访问各种在线课程和教育资源。

第三节　情境教学理论

一、情境教学理论的产生和发展

情境教学理论的起源可以追溯到 20 世纪初。早期的情境教学理论主要受到认知心理学的影响，尤其是让·皮亚杰（Jean Piaget）和列夫·维果茨基（Lev Vygotsky）的理论。这些理论强调知识的构建是一个积极的、与现实环境相互作用的过程。

20 世纪中叶，建构主义学习理论的兴起对情境教学产生了深远影响。建构主义学习理论认为，学习是个体在与社会互动和实际情境中构建知识和理解的过程。这一观点促使情境教学理论更加注重创造真实或模拟的学习环境，以提高学习的有效性和相关性。进入 21 世纪，随着技术的飞速发展，情境教学开始与现代教育技术相结合。多媒体、互联网、虚拟现实等技术的应用，使情境教学更加多元和互动，为学生提供了更加丰富和真实的学习体验。

20 世纪末，随着中国教育改革的不断深入，情境教学理论开始引入中国。在国内教育方面的研究和实践中，情境教学理论得到了本土化的发展，逐渐与中国的教育实际相结合。李吉林是国内情境教学领域的杰出代表之一，她长期致力小学教育教学工作。她将学生的个性化和全面发展视为教学的核心目标。她在教学实践中，深入贯彻马克思关于人的活动与环境之间有机统一的原理，同时融合心理学中的暗示、移情、角色效应以及心理场等理论，逐渐形成了一套具有独特体系的"情境教学"方法。李吉林的情境教学法深植于中国传统文化的深厚土壤之中，汲取了关于"意境"论的精华,并参考了王国维的"境界论"等相关论述。同时,她也借鉴了西方当代教育实验中的一些理论和做法。在超过半个世纪的教学实践中,李吉林不断学习和尝试,反复实践,适时提炼出稳步发展的教学方法,创造出一套既适应中国国情又符合学生特点的情境教学法。李吉林成功地找到了传统文化与现代文化的结合点,活化了传统文化,使之能够服务于当代教育。她注重吸收世界多元文化的精华,扩展了教育的文化视野,引导了中华文化与世界文化的交流,体现了其教学理念的时代特色。

二、情境教学的内涵与意义

(一)情境教学的内涵

在教育领域,情境教学被视为一种创新的教学理念,其核心在于将学习置于具体的、生动的、相关联的情境之中,以促进学生的深入理解和积极参与。在情境教学中,情境这一概念是多维度的。它不仅指物理环境,如教室布置、教学场景的再现等,还包括教学内容、活动、交互和学生的感知体验。情境的设置旨在模拟真实世界的环境,或创造一个接近现实的学习场景,从而使学生能够在类似实际应用的环境中进行学习。这种方法认为学习最好发生在与学生的真实经验相连接的环境中,强调学习与应用的紧密结合。情境教学还强调学生的主动参与和体验。在这种教学模式下,学生不是被动的知识接受者,而是主动的参与者和探索者。通过互动式的教学活动,如角色扮演、案例研究、小组讨论等,学生被鼓励投入创设的情境中,主动探索知识,进行合作学习,从而加深对学习内容的理解和吸收。

情境教学的内涵也体现在其对教师角色的重新定义上。在这一教学方法中,教师的角色转变为设计者、引导者和协助者。教师需要根据教学目标设计合适的学习情境,引导学生进行探索和讨论,并在必要时提供支持和帮助。这要求教师既要具备扎实的专业知识,还要具备创新能力和引导技巧。

(二)情境教学的意义

情境教学的意义体现在其对提高学生学习兴趣、增强学生实际应用能力、促进学生综合素质发展以及推动教师教学方法创新等方面的积极影响。

情境教学能够提高学生的学习兴趣和参与度。当学习活动在与学生的实际生活经验相关联的情境中进行时,学生能够感受到学习的实际意义,从而激发他们的学习动机。例如,在分析一部文学作品时,如果能够结合学生的生活经验或当前的社会事件,学生会更容易产生共鸣,积极参与学习过程。情境教学有助于增强学生的实际应用能力。通过将学习内容放置在真实或仿真的情境中,学生能够学习如何将理论知识应用于实际情况。这种方法强调知识和技能的实际应用,而不仅仅是抽象的理论学习,有助于学生将所学知识转化为实际的解决问题的能力。情境教学还促进了学生的综合素质发展。在这种教学模式下,学生需要运用解决问题的能力和创造力来应对学习中的挑战。这不仅有助于提升他们的学术能力,还有助于培养他们的社会交往能力、团队合作精神和自主学习能力。情境教学对于教师的教学实践也有重要意义。它鼓励教师从传统的知识传授者转变为学习引导者和设计者,促使教师不断创新教学方法,提高教学效果。教师通过设计和实施情境教学活动,能够更好地了解学生的学习需求和反应,从而更有效地支持学生的学习。

三、情境教学理论的基本特点

情境教学理论的基本特点强调以学生为中心、真实性与相关性、互动性与参与性、反思性以及灵活性与适应性。这些特点共同构成了情境教学的核心,对于提升大学语文教学的质量和效果都起到举足轻重的作用(如图2-5所示)。

图 2-5　情境教学理论的基本特点

（一）以学生为中心

在情境教学理论中，以学生为中心这一特点的重要性不言而喻，它直接影响着教学的效果和学生的学习体验。在传统教学模式中，学生往往是被动接受知识的对象，而在情境教学中，学生的角色发生了根本性变化，他们成为学习的主体，这种转变对于学生的学习过程和学习成果具有深远的影响。

以学生为中心的情境教学模式强调学生的主动性和自主性。学生被鼓励主动探索课题，提出问题，进行独立思考，这样的学习方式使得学习过程变得更加生动、有趣。在大学语文教学中，这种方法尤为重要，因为文学作品的理解和鉴赏需要学生主动地思考和感悟。例如，教师可以引导学生深入探讨文学作品中的主题和象征意义，激发学生的想象力和创造力。在这种模式下，教师的主要任务是创造一个适宜的学习环境，激发学生的学习兴趣，引导他们进行深入探究，并在学习过程中提供必要的支持。例如，教师可以通过设计与文学作品相关的讨论话题、实践活动或项目，使学生能够在参与中学习。以学生为中心的教学模式还强调个性化教学。考虑到每个学生的兴趣、能力和学习风格各不相同，教师需要根据学生的个别需求来调整教学内容和方法，为不同兴趣和能力水平的学生提供不同层次的文学材料和学习任务。这种个性化的教学方法有助于确保每个学生都能从教学活动中获得最大的收益。

(二) 真实性与相关性

真实性与相关性的特点确保学习经历不仅仅是学术性的或理论上的，而是深刻地与学生的现实生活和经验相连。真实性意味着教学情境应当尽可能接近或反映现实生活中的情境。这可以通过模拟实际的社会、文化或历史背景来实现。例如，在讨论古代文学作品时，教师可以创设一个模拟古代社会的情境，让学生体验和理解作品中的社会环境和文化背景。这种真实性不仅使得学习过程更加生动和有趣，还有助于学生更深入地理解文学作品的语境。相关性则强调学习内容与学生的个人经验、兴趣和未来职业生涯的密切联系。当学习材料与学生的生活经验或未来职业相关时，学生更容易理解和吸收这些知识。在大学语文教学中，相关性可以通过将文学作品与当代社会现象或学生所关心的问题联系起来实现。例如，现代诗歌或短篇小说的分析可以与当代的社会议题相结合，让学生探讨作品中的主题如何与他们的生活和社会现实相关。

(三) 互动性与参与性

互动性和参与性是情境教学的关键特点之一，尤其在大学语文教学中，对于培养学生的深层理解能力至关重要。

互动性指的是学生在学习过程中与他人以及教学材料之间的交互。这种互动不仅限于学生与教师之间，还包括学生之间、学生与教材之间、学生与创造的学习情境之间的互动。通过互动，学生可以分享自己的观点，听取他人的意见，从而获得更广阔的视角和更深入的理解。例如，在讨论一个文学作品时，不同的学生可能会从不同的角度进行解读，通过互动交流，他们可以对作品有更全面的理解。参与性则强调学生在学习过程中的主动参与。这不仅指的是物理上的参与，如出席课堂，更指的是心理上的投入，如思考、讨论和创造。在大学语文教学中，通过角色扮演、模拟讨论、创意写作等活动，学生可以更加积极地参与到学习过程中，从而提高学习效果。通过这些活动，学生不仅学习到知识，还培养了解决问题、团队合作和创新等重要的能力。

互动性与参与性的结合为学生提供了一个动态的学习环境，其中学生可以通过不同的活动和互动形式探索学习。例如，小组讨论可以促进学生之间的思想交流，合作项目则可以培养团队合作和项目管理的能力。这种互动和参与的结合不仅加深了学生对文学作品的理解，还有助于发展他们的关键技能，如沟通、协作等。

（四）反思性

情境教学还具有反思性的特点，鼓励学生在学习过程中持续地回顾和思考他们的学习经历。这种反思不限于课堂上学到的具体知识点，还包括学习方法、思考过程和对文学作品的感悟。例如，在学习一部小说或一首诗歌时，学生不仅要理解其内容和主题，还要思考自己对这些作品的个人感受和解释。这种深度反思使学生能够更全面地理解文学作品的多重意义，培养他们的分析和批判能力。

反思性还包括学生对自己学习成效的评估。通过自我评估，学生可以识别自己的学习强项和需要改进的地方。在大学语文教学中，这可能涉及对自己文学分析能力的评估，或对自己在文学创作和批评方面的能力的反思。自我评估的过程不仅有助于学生认识到自己的学术进步，还是自我驱动学习的重要组成部分。在大学语文教学中，通过反思性学习，学生可以更好地掌握如何学习、如何分析文学作品以及如何提高自己的文学素养。

（五）灵活性与适应性

情境教学还具有灵活性与适应性的特点。在情境教学中，教师需要根据学生的兴趣、背景和学习水平来设计和调整教学计划。这种灵活性确保了教学内容能够与学生的实际情况相吻合，从而提高学习的相关性和效率。例如，在讨论现代诗歌时，教师可能会选择与学生的生活经验更贴近的主题，或者根据学生的反馈调整讨论的深度和广度。灵活性与适应性还体现在教学方法和材料的多样化上，以适应不同学生的学习风格。一些学生可能更倾向于视觉学习，而其他学生可能更喜欢通过互动或实践活动学习。在大学语文教学中，教师可以通过提供多种教学资源和活动，如视频材料、小组讨论、创意写作等，来满足不同学生的学习需求。适应性还体现在教学内容的设计上。在大学语文教学中，教师需要根据课程的具体目标和学生的学习进度灵活调整教学计划。例如，对于文学理论的教学，教师需要根据学生的理解程度来调整讲解的深度和案例的选择。灵活性与适应性还要求教师能够根据学习过程中出现的新情况及时调整教学策略。这包括对教学方法、时间安排或评估标准的调整。在教学过程中，教师需要敏锐地观察学生的反应和进展，并根据这些信息及时调整教学计划。

四、情境教学理论中情境创设的主要途径

情境教学理论提供了多种创设教学情境的途径，每种方法都有其独特的优势和适用场景。这些方法的共同目标是使学习内容更加生动、直观和具有吸引力，从而提高学生的学习兴趣和教学效果。情境教学理论中情境创设的主要途径包括以下几点（如图2-6所示）。

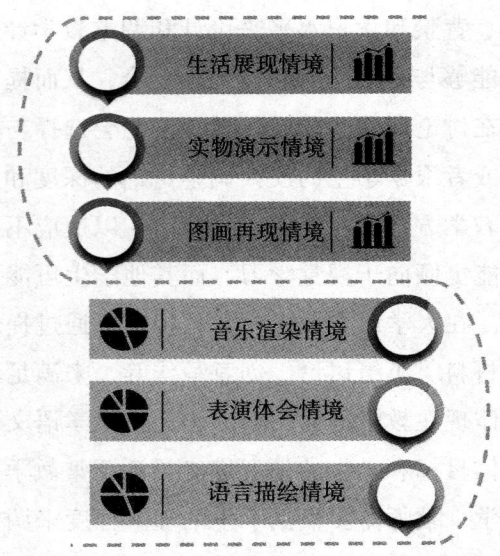

图 2-6　情境教学理论中情境创设的主要途径

（一）生活展现情境

在实践中，生活展现情境的创建首先需要教师深入了解学生的生活背景和兴趣点。这包括对学生的家庭环境、文化背景、兴趣爱好等方面的认识。随后，教师可根据这些信息，设计出贴近学生实际生活的教学活动。例如，如果学生对当代中国文学感兴趣，教师可以组织学生阅读和讨论当代中国作家的作品，并探讨这些作品如何反映当代中国社会的变迁；如果学生对古代文学感兴趣，可以通过对古代诗词或文学作品的学习，让学生探讨这些作品在当代社会中的意义和影响。在教授有关文学批评或文学理论课程时，可以引入近期的社会事件或文化现象，讨论这些事件如何在文学作品中得到反映，或者如何影响文学的创作和接受。通过这样的方法，大学语文课程能够更加生动、贴近学生的生活实际，提高学生对文学学习的兴趣和参与度，增强他们对文学与现实生活关系的理解。

第二章 大学语文教学的理论基础

(二)实物演示情境

实物演示情境依赖于使用具体的物品或模型来辅助教学,从而使学生能够直观地观察、理解和互动。在这种情境中,学生不再是被动接收信息的听众,而是通过观察和操作实物来积极参与学习的过程。

教师在实物演示情境中的角色十分关键。他们需要精心挑选或制作与教学内容相关的物品,以确保这些物品能有效地帮助学生理解课程内容。例如,在讨论古代诗歌或小说时,可以展示与作品中描述相符的古代文物或复制品,如古代书信、文房四宝(笔、墨、纸、砚),以帮助学生更直观地理解文学作品中的生活场景和文化背景。实物演示情境还能够增加教学的互动性,学生可以直接观察和操作实物,通过实践活动来测试和验证理论知识。这种方法不仅增强了学生的实践技能,还促进了他们对理论知识的深入理解。例如,在探讨现代文学发展过程中,可以展示作家的手稿复制品或早期印刷版本的文学作品,让学生亲身感受文学创作的历史变迁和技术进步对文学传播的影响。实物演示情境的另一大优势是其能够激发学生的好奇心和探索欲。面对具体的物品和模型,学生往往会产生更多的疑问和兴趣,从而激发他们探索和学习的动力。

(三)图画再现情境

图画再现情境在教学中扮演着关键性的角色,尤其是在需要强烈视觉支持的学习内容中。通过使用图画、插图、照片或其他形式的视觉艺术作品,这种方法能够在学生的心智中创造出生动且具象的学习情境。图画再现情境的优势在于其能够直观地展现复杂的概念、历史事件或故事情节,从而帮助学生更容易地理解和记忆学习内容。例如,在教授历史或文学课程时,教师可以使用与教学内容相关的历史画作或文学插图。这些图画不仅再现了特定时期的文化和社会背景,还能够帮助学生形象化地理解过去的事件或文学作品的情景。在分析具有特定历史背景的文学作品时，通过展示那个时期的画作、照片或地图，可以帮助学生更好地理解作品背后的社会环境、历史事件和文化背景。图画再现情境还能够激发学生的想象力和创造力。面对图画，学生不仅是在接受知识，还能主动思考和解读图画中的信息，从而促进他们的思维能力和审美鉴赏能力的发展。

（四）音乐渲染情境

音乐渲染情境通过音乐的美学和情感力量，不仅增强了学习体验的深度和趣味性，还促进了学生在情感和认知层面的发展。在实施音乐渲染情境时，教师可以根据教学内容选择合适的音乐。例如，在教授文学作品时，播放与作品情感氛围相匹配的音乐能够增强学生的情感体验。在讲解特定的历史时期或文化背景时，相应的音乐作品能够帮助学生更好地理解和感受那个时代的特色。音乐在语言教学中同样发挥着重要作用。通过学习不同语言的歌曲，学生不仅能学习语言，还能了解和体验相关的文化。此外，音乐还能作为启发创意和激发讨论的工具，在创意写作或艺术创作课程中发挥作用。音乐渲染情境的另一个重要作用是减轻学生的学习压力。轻松愉悦的音乐背景能够创造一个舒适的学习环境，有助于缓解学生的紧张情绪，提高他们的学习效率和质量。

（五）表演体会情境

表演体会情境在教学中采用角色扮演、模拟演练、戏剧化表达等形式，让学生通过亲身体验来深化对学习内容的理解。这种方法特别适用于需要学生理解复杂情感、社交互动、历史事件的场合。通过表演体会情境，学生不仅能够加深对课程内容的认知理解，还能在情感层面获得更深刻的体验。例如，在教授文学作品时，教师可以让学生扮演作品中的角色，通过表演来体验和理解角色的心理状态和故事情节。这种方法可以增强学生对文学作品的情感共鸣，同时也锻炼了他们的表达和沟通能力。在社会科学或历史教学中，模拟历史事件或社会现象的表演能够帮助学生更直观地理解历史背景和社会动态。表演体会情境还可以激发学生的创造力。在参与表演的过程中，学生需要主动思考如何更好地表达角色的情感和故事情节，这种主动探索和创造的过程有助于培养他们的创新意识和解决问题的能力。

（六）语言描述情境

语言描述情境是通过言语表达来构建和呈现学习内容的一种方法。在这种情境中，教师通过讲故事、叙述案例或描述场景来激发学生的想象力，帮助他们在心理层面上构建学习情境。这种方法特别适用于需要强调言语表达和听觉理解的学科，如语言学、文学和历史学。例如，在教授文学理论时，教师可以通过叙述文学作品的创作背景和作者的生平故事，帮助学生理解作品的深层含义。在历史教学中，通过讲述历史事件的发展过程和相关人物的故事，可以使学生更加生动地理解历史。

语言描述情境的优势在于其能够激发学生的想象力和内在思考。在听到描述时，学生需要主动构建心理图像，这个过程促进了他们的想象力和创造力的发展。这种方法也有助于提高学生的听力理解能力和言语表达能力。在实践中，语言描述情境可以与其他教学方法相结合，如结合图画展示或音乐渲染，以增强教学效果。通过多元化的表达方式，可以使教学内容更加丰富多彩，提高学生的学习兴趣和参与度。

第三章　大学语文教学的参与者分析

第一节　教师分析

教师处在一个由学生因素和环境因素构成的复杂网状关系中，特别是在高等教育阶段，教师的职责不再是以知识传授为主，而是应该成为一位引导者、咨询师、陪伴者以及一位交换意见的参加者。[①] 本节将深入探讨大学语文教师的知识体系、工作特点、沟通能力以及对学生多样化需求的适应能力，这些方面对提升教学质量和促进学生全面发展具有重要作用。

一、大学语文教师的综合知识体系

大学语文教师的综合知识体系对大学语文教学来说是十分关键的。这个知识体系不仅构成了教师专业能力的基础，也直接影响教学质量和学生的学习效果。大学语文教师的综合知识体系具体包括以下内容（如图 3-1 所示）。

[①] 刘汭雪. 生态学视阈下的大学语文教育研究 [D]. 重庆：西南大学，2016.

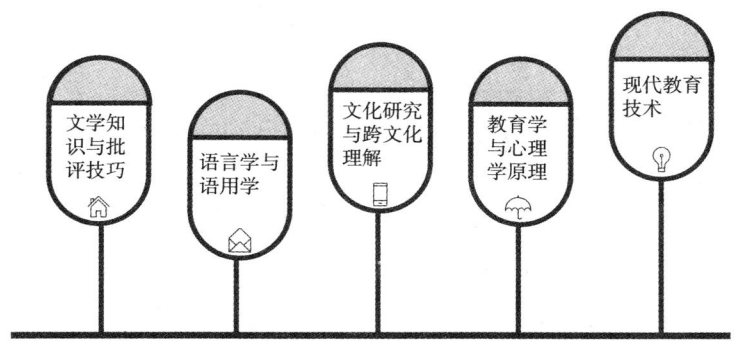

图 3-1 大学语文教师的综合知识体系

(一) 文学知识与批评技巧

大学语文教师的核心能力之一在于对文学知识的深入理解和批评技巧的运用。文学知识的广度和深度要求教师不仅熟悉经典作品和重要作家，还应了解不同文学流派及其历史背景和文化影响。这种全面的文学理解使教师能够提供丰富多样的文学视角，且能够跨越时空界限，连接不同文化和历史背景下的文学作品。在批评技巧方面，教师应能够引导学生深入分析文学作品，不仅包括对文本内容的理解，还包括作者的创作意图、文学技巧的运用以及作品对社会和文化的反映与评论。通过批判性阅读和深度讨论，教师能够激发学生的思考，培养他们的文学鉴赏能力。同时，教师应鼓励学生提出自己的见解，发展独立思考的能力。教师还应具备将文学理论与实际文学作品相结合的能力，使学生能够理解文学理论在具体作品中的应用。这不仅增加了文学理论的实际应用价值，也使学生能够在理论和实践之间建立联系，深化对文学的理解和认识。

(二) 语言学与语用学

语言作为文学作品的基本载体，对大学语文教师而言同样重要。教师应掌握语言学的基础知识,包括语言的结构(如语音、语法和词汇)、语义(词语的含义)以及语言的社会和文化功能。这种全面的语言学知识使教师能够更深入地分析文学作品中的语言特色,理解语言如何在文学中发挥作用。语言学的知识对于理解文学作品中的隐含意义和语境特别重要。教师应引导学生探索文学作品中的暗示、比喻、象征等语言特征,以及这些特征如何影响读者对作品的理解和感受。通过对语言细微之处的分析,教师可以帮助学生深化对文学作品的理解,提高他们的语言感知和分析能力。

除了文学作品本身的语言分析,教师还应教授学生如何有效地使用语言。这包括写作技巧、口头表达以及批判性和创造性的语言使用。教师可以通过各种活动,如写作练习、口头报告和小组讨论,来提高学生的语言运用能力。

(三)文化研究与跨文化理解

在大学语文教学中,文化研究与跨文化理解是构成教师综合知识体系的重要部分。文学作品往往深深植根于特定的文化背景之中,因此,理解这些背景对于深入分析和教授文学作品十分重要。大学语文教师应具备将文学作品置于其社会、历史和文化语境中进行解读的能力,这不仅涉及对中国传统文化的理解,还包括对世界各地文化的认识。

跨文化理解特别重要,尤其是在全球化背景下对外国文学或少数民族文学的教学中。教师应能够理解不同文化的价值观和表达方式,并将这些理解融入教学中,帮助学生建立跨文化的视角。例如,解读外国文学作品时,教师需要帮助学生理解作品中的文化元素、社会背景以及这些因素如何影响作品的主题和风格。教师还应鼓励学生对文化多样性持开放态度,培养他们对不同文化的尊重和理解。通过分析比较不同文化背景下的文学作品,教师可以帮助学生认识到文化多样性的价值,并促进跨文化交流和理解。

(四)教育学与心理学原理

在大学语文教师的知识体系中,教育学和心理学原理的了解和应用同样不可或缺。教育学原理提供了教学设计和实施的理论基础,而心理学原理则帮助教师更好地理解学生的学习过程和心理特点。

在教育学方面,教师应熟悉不同的教学理论和方法,如建构主义、探究式学习、合作学习等,并能够根据学生的需求和课程特点灵活运用这些方法。此外,课程设计、教学评估和反思也是教育学中的重要组成部分,教师需要掌握如何设计高效有趣的课堂,评估教学成效,并根据反馈调整教学策略。在心理学原理方面,教师需要理解学生的认知发展阶段、学习动机、注意力、记忆和情感等方面的心理特征。了解这些心理特点能够帮助教师更好地设计教学活动,激发学生的学习兴趣,提高学习参与度。例如,通过了解学生的认知能力和接受信息的方式,教师可以设计更加符合学生认知水平的教学内容和方法。

教师还应关注学生的情感和社交发展,这对于创建一个支持性和包容性的学习环境很重要。通过建立良好的师生关系,教师可以提升学生的学习动力,促进其积极参与,以取得良好的学习成效。

(五)现代教育技术

在当今的教育环境中,大学语文教师面临着整合现代教育技术进入教学体系的重要任务。这些技术不仅仅是新工具的应用,更是教学方式和学习体验的全面革新。现代教育技术,包括多媒体资源、在线教育平台、虚拟教室技术以及教学管理软件,为语文教学带来了前所未有的机遇。

多媒体工具如视频、音频和互动软件,使文学作品和理论的展示更为生动,增强了学生的学习兴趣。这些工具使抽象的文学概念和复杂的文化背景得以直观展现,帮助学生更好地理解和吸收知识。在线教育平台和虚拟教室则突破了传统课堂的空间限制，学生能够在任何地点接入课程内容，提高了学习的灵活性。现代教育技术的应用也对教师的教学管理方式产生了很大影响。通过教学管理软件，如成绩管理和课程设计工具，教师能够更有效地跟踪学生的学习进度，记录过程评价，从而及时进行教学调整和个性化指导。同时，这些技术也为学生提供了一个集中的学习资源库，支持他们自主学习。

教师需要不断学习和适应这些新技术，同时确保技术的使用符合教育伦理，保护学生的隐私和安全。教师还需要创造性地将这些技术与传统的教学方法结合，如翻转课堂和项目式学习，以发挥技术的最大教育效益。

二、大学语文教师的沟通技巧

沟通技巧作为教师职业素养的重要组成部分，是大学语文教师应具备的一项重要能力。有效的沟通不仅是传递信息的工具，还是教学过程中建立理解、信任和尊重的桥梁。

（一）沟通的重要性

作为教学过程的基石，有效的沟通能够确保教学内容的清晰传达，同时也是理解和满足学生需求的关键。在大学语文教学中，沟通不仅仅是信息的简单传递，它还涉及信息的解释、讨论以及反思，这些都对学生的学习过程和成果产生巨大影响。

沟通的有效性直接关系到学生对教学内容的理解程度。清晰和准确的沟通能够帮助学生更好地吸收和理解复杂的文学理论和文本分析。教师通过有效沟通可以澄清学生可能存在的误解，确保课程目标的达成。有效沟通能够激发学生的学习兴趣和参与度。通过沟通，教师可以创造一个互动和包容的学习环境，鼓励学生表达自己的观点和问题。这种参与不仅增强了学生的学习动力，也有助于培养他们的独立性。沟通还是教师了解学生反馈、调整教学策略的途径。教师通过与学生的互动，可以收集关于教学方法和内容的反馈信息，这对于教学的持续改进非常关键。了解学生的学习体验和需求，教师可以更有效地调整教学方法，以适应不同学生的学习风格和速度。

（二）语言的明确性和恰当性

在大学语文教学中，教师的语言表达需要具有明确性和恰当性。这对于学生正确理解教学内容来说是不容忽视的，特别是在涉及复杂文学理论和文本分析时。

明确性意味着教师在传达信息时要准确无误，使学生能够轻松理解。这不仅涉及语言表达的清晰度，还包括教学材料的组织和呈现方式。例如，教师在讲解一个复杂的文学概念时，应该使用简单、直接的语言，并通过实例和比喻来帮助学生理解。这种方法有助于避免误解和混淆，确保学生能够准确地把握课程要点。恰当性则强调教师在沟通时需要考虑学生的背景、能力和学习需求。教师应避免使用过于学术化或专业化的语言，特别是对于非专业背景的学生。同时，教师应考虑文学作品的敏感性和复杂性，在讨论可能引发争议的主题时采取适当的语言和方法。

教师在语言表达时还应注意对学生情感的影响。在讨论涉及个人经历或文化背景的文学作品时，教师应采取尊重的态度。这种恰当的沟通方式不仅有助于建立良好的师生关系，还能创造一个支持性和包容性的学习环境。

（三）非语言沟通的重要性

非语言沟通在大学语文教学中不容忽视，包括教师的肢体语言、面部表情、声音调节等，它们在传递信息、营造课堂氛围以及与学生建立联系方面发挥着重要作用。例如，使用开放的肢体语言和积极的面部表情可以创造一个更加友好和包容的学习环境，有助于激发学生的学习兴趣。同样，通过调整语音的节奏和强度，教师可以更有效地强调重点，激发学生对文学作品的兴趣。在文学教学中,非语言元素,如教师的姿态、眼神交流和表情变化,都能够传递出对文学作品的热情和教学内容的重视,从而增强学生的学习体验。

(四)倾听和反馈

教师不仅需要向学生传授知识,还需要倾听学生的意见、问题和反馈。这种双向沟通有助于创建更加有效的教学环境。在课堂上,教师的倾听表明了对学生观点的尊重和重视,有助于提高学生的参与度和学习动力。同时,适时的反馈可以指导学生更好地理解文学作品和理论,促进他们的思考和学习。例如,在学生参与文学讨论时,教师的积极反馈不仅可以肯定学生的努力,还可以指导他们更深入地理解文学的多重意义和层次。通过这种互动,学生能够感受到自己的观点被重视,从而更积极地投入学习中。

三、大学语文教师的个性化教学

个性化教学在大学语文教学中扮演着重要角色,它要求教师能够理解并适应每个学生独特的学习需求、背景和兴趣。个性化教学不仅有助于提升学生的学习效率,还能够增强学生的参与感和学习动力。具体包括以下几点(如图3-2所示)。

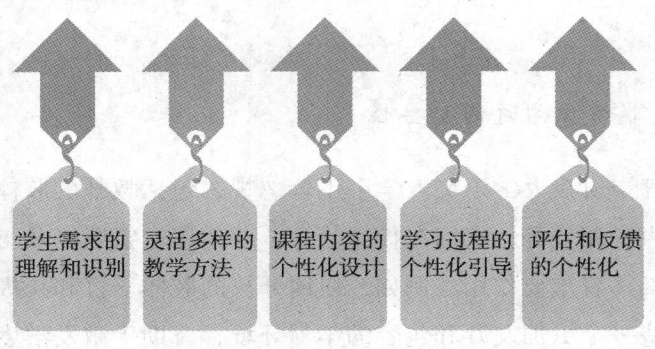

图3-2 大学语文教师的个性化教学

（一）学生需求的理解和识别

在大学语文教学中，教师对学生需求的准确理解和识别是个性化教学的基础。这就要求教师不仅要关注学生的知识基础，还要深入了解他们的学习风格、兴趣、背景以及能力水平。通过课堂观察，教师可以捕捉到学生在学习过程中的反应和互动模式，从而判断他们的学习偏好和参与程度。此外，通过组织问卷调查和讨论，教师可以收集学生的直接反馈，更全面地了解他们的需求和期望。

了解学生的背景信息，如文化、语言和家庭教育背景，对于设计适合的教学内容和方法尤为关键。例如，对于来自不同文化背景的学生，教师可能需要调整教学材料，使之更具包容性和相关性。同样，对于具有不同学习能力的学生，教师需要设计不同难度的教学活动，以确保所有学生都能够有效地参与和学习。

（二）灵活多样的教学方法

个性化教学的实施依赖于教师采用灵活多样的教学方法来满足学生的个别需求。这种方法的多样性允许教师根据学生的兴趣、学习风格和能力水平进行调整。例如，传统的讲座可能适合传授理论知识，但讨论和案例研究则更有助于培养学生的批判精神和实践能力。小组合作和项目式学习则可以促进学生之间的合作和交流，同时提供实际应用知识的机会。

在实施灵活的教学方法时，教师应考虑学生的个性化需求。对于视觉学生，使用图表、图像和视频可以提高他们的学习效率；对于听觉学生，则可以通过讲故事、讨论、口头报告等方式来提高他们的学习兴趣。通过上述方式，教师能够确保所有学生都能通过适合自己的方式接受和理解教学内容。教师还应鼓励学生根据自己的兴趣和专长选择学习项目，以提高他们的参与度和学习动力。这种灵活多样的教学方法不仅能够满足学生的不同需求,还能够激发他们的创造力和探索精神,为他们提供更加丰富和全面的学习体验。

(三)课程内容的个性化设计

课程内容的个性化设计是大学语文教师实施个性化教学的中心环节。这要求教师在设计课程时充分考虑学生的兴趣、能力水平以及文化背景,以确保课程内容既具有挑战性又能引起学生的兴趣。在选择文学作品和讨论主题时,教师应努力使课程内容包含多样的文体、时期和文化背景,以满足不同学生的学习需求和兴趣。例如,结合传统的中国文学作品和现代的国际文学,可以帮助学生建立起跨文化的理解能力和鉴赏能力。

个性化设计还涉及调整课程难度和深度,以适应不同学生的能力。这可能意味着为高水平学生提供更深入的文学理论研究,而对初学者则更多地关注基础知识的构建。在这个过程中,教师可以利用分层教学的策略,为不同水平的学生提供不同难度的阅读材料和作业,同时教师应在课程设计中注重学生的主动参与。鼓励学生选择与个人兴趣相关的项目主题,这不仅能够提升他们的学习动力,还能够帮助他们发展独立思考和研究的能力。通过这种个性化的课程设计,教师可以为学生创造一个既具有挑战性又充满兴趣的学习环境。

(四)学习过程的个性化引导

教师在教学过程中需要对学生进行针对性指导和支持,以帮助他们实现个人学习目标。个性化引导意味着教师需要了解每个学生的学习进度、面临的挑战以及特定的学习需求,并根据这些信息提供适当的指导。

在实施个性化引导时,教师可以采用一对一辅导、小组辅导或在线辅导等多种方式。例如,对于在文学分析方面遇到困难的学生,教师可以提供额外的辅导时间，帮助他们理解复杂的文学理论或作品；对于那些在写作方面展现出特殊才能的学生，教师则可以提供更多的创作机会和深度反馈。教师可以通过设置开放式的项目任务，鼓励学生进行自选阅读，为学生提供探索自己感兴趣领域的机会。通过这种方式，学生不仅可以在自己感兴趣的领域深入学习，还能发展独立思考和解决问题的能力。

通过对学习过程的个性化引导，教师能够为学生提供更加丰富和深入的学习体验，同时促进他们在语文学习中的个人成长。这种引导方式不仅提升了学生的学术能力，还增强了他们的自信心和自主学习能力。

（五）评估和反馈的个性化

个性化的评估和反馈机制对于支持学生的个体学习路径和促进他们的整体学习进步十分重要。这种评估方法不仅关注学习成绩的量化，还重视学生的学习过程和能力发展。

个性化评估意味着教师需要采用多种评估工具和方法，以适应不同学生的表达和学习风格。这可能包括传统的笔试和作业以及项目评估、口头报告、同伴评审等多样化的评估形式。例如，对于那些在口头表达上更为出色的学生，教师可以更多地使用口头报告和演讲来评估他们的学习成果；而对于善于书面表达的学生，则可以通过书面作业和论文来进行评估。这种灵活的评估方式能够针对性地反映学生的实际学习情况和能力。个性化反馈是帮助学生理解自己在学习过程中的进步和不足的关键。教师的反馈应是具体的有鼓励性质的，且针对性强，从而帮助学生明确下一步学习的方向。例如，教师可以对学生的文学分析提供具体的建议，指出其分析中的亮点和不足之处，并提供改进的途径。

第二节 学生分析

一、学生在大学语文教学中呈现出的特点

在大学语文教学中,学生表现出的特点不仅反映了他们的学术成长,还涵盖了他们对文学的态度、思维方式以及与文化相关的认知。具体如下(如图 3-3 所示)。

1. 对文学深度理解的追求
2. 批判性思维的运用
3. 文化和社会意识的形成
4. 个人风格和见解的发展
5. 终身学习和自我提升的意识

图 3-3　学生在大学语文教学中呈现出的特点

(一)对文学深度理解的追求

在大学语文教学中,学生通常展现出对文学深度理解的强烈追求。这种追求超越了对文学基础知识的掌握,进入对文学作品深层含义的探索。学生倾向于分析文学作品的主题、象征、语言风格及其结构,并试图理解这些元素如何共同构建作品的整体意义。例如,学生在学习现代诗歌时,不仅关注诗歌的文字和形式,还会探讨诗歌如何反映作者的情感、社会背景和文化意识。他们学习评价和解读文学作品的视角包括历史、心理学、社会学等,从而能够对作品进行多维度的理解。他们善于将文学作品中的主题和情节与个人经历、社会现象甚至全球问题联系起来,这体现出他们对于文学作品社会价值和文化影响的深刻认识。

(二)批判性思维的运用

学生在分析和解读文学作品时,不满足于仅仅接受表面层次的解释,

而是倾向于深入挖掘、质疑甚至挑战传统的理解和解读。这种批判性思维的运用有助于他们发展独立的思考能力,他们对文学作品进行更加开放和多元地解读。例如,当探讨经典文学作品时,学生可能会从现代视角出发,对作品中的性别角色、社会阶层、文化观念等进行批判性分析。这种分析不仅体现出他们对文学作品复杂性的理解,也反映了他们在解析和评价文学作品时的深度和独创性。

在教学过程中,教师可以通过提出开放式问题、鼓励不同的解读方式和观点以及引导学生进行深度的文学批评和分析,来进一步培养学生的批判性思维能力。通过这种方法,学生不仅能够加深对文学作品的理解,还能够在思考和表达自己的观点时展现出创造力和独立性。

(三)文化和社会意识的形成

在大学阶段,学生的文化和社会意识显著增强,特别是在语文教学环境中,这一点尤为明显。学生开始形成对社会、文化和个人身份更深层次的理解,这在他们对文学作品的解读和分析中表现得尤为突出。

学生在文学学习中经常探讨和反思社会问题和文化差异。他们通过阅读和分析不同文化背景的作品,开始理解和尊重多元文化视角。例如,学生可能会探讨文学作品如何反映特定社会的价值观和信仰,或者如何挑战、巩固社会规范。学生也越来越关注文学作品与当代社会现象之间的联系。他们倾向于将文学作品中的主题与现实世界的社会和政治问题联系起来,从而提高对作品的批判性理解和社会意识。这种分析能力的发展不仅有助于他们深入理解文学作品,也有助于形成自己的社会观点和文化立场。

在大学语文教学过程中,教师可以鼓励学生探讨和质疑文学作品中的文化,促进他们在理解不同文化视角和社会背景方面的成长。这种教学方法有助于学生发展成为具有全球视野和深刻文化洞察力的读者。

(四) 个人风格和见解的发展

大学时期是学生发展个人风格和见解的关键阶段，特别是在语文和文学学习方面。在这一阶段，学生开始从模仿和重复知识转向形成独立的思想和批评观点。

在学习文学作品时，学生不仅吸收了关于作品的基础知识和理论，还开始尝试用自己的语言来表达对这些作品的理解和评价。他们的写作和讨论开始显示出独特的个人风格，包括对特定文学作品的独特解读、对文学理论的个人化应用以及对文学批评的创新方法。例如，学生可能会在写作分析中采用自己独特的视角和风格来探讨文学作品，或者在课堂讨论中提出与众不同的观点和解释。

教师在这个过程中的角色是支持和鼓励学生发展自己的个人风格和见解。这包括提供一个开放和包容的学习环境，鼓励学生在文学分析和创作中尝试新的方法和观点，以及对学生的独特贡献给予积极的反馈和支持。通过这种方式，教师可以帮助学生在语文学习过程中建立自信，发展成为有独立思想和批判性的读者和写作者。

(五) 终身学习和自我提升的意识

在大学语文教学中，学生逐渐培养起终身学习和自我提升的意识，这是他们学术和个人成长的重要部分。这种意识不仅反映在他们对语文学科的学习上，更体现在对知识、技能和个人发展的持续追求上。

学生在大学语文学习中意识到，文学不仅是学术探索的对象，也是个人成长和认知发展的工具。他们开始理解，文学学习不只限于课堂和学术领域，而是一个终身的过程，涉及个人视野的拓展、思维方式的成熟以及对复杂社会和文化现象的深入理解。例如，通过阅读和分析不同时期和文化背景的文学作品，学生不断提升自己的文化素养。学生在大学语文教学中学会将文学与日常生活和职业规划相联系，认识到文学学习对于提升交际能力、理解人性和形成综合视角的重要性。他们开始主动寻找学习机会，无论是通过课外阅读、参加文学讨论会，还是通过写作和研究项目，都体现了他们终身学习和自我提升的愿望。

在大学语文教学过程中，教师应鼓励和支持学生的这种学习态度，提供丰富的学习资源和机会，帮助学生建立起终身学习的习惯。教师可以通过展示文学学习在个人和职业发展中的应用，进一步激发学生的学习热情，促使他们认识到学习不仅仅是为了应对考试，还是为了个人成长和实现自我潜能。

二、学习动机和自我驱动力

学习动机和自我驱动力是学生在大学语文教学中的核心特质。它们不仅影响学生在大学期间的学习态度和行为，还对他们未来的学术成就、职业发展和个人成长有着深远的影响。

学生的学习动机源于多种不同的内在和外在因素。内在动机通常与个人兴趣、满足知识渴望或实现自我价值有关，而外在动机可能与成就目标、社会认可或未来职业规划相关。内在动机驱动的学生可能对文学和语言本身感兴趣，热衷于探索文学作品的深层意义或欣赏语言的美。这类学生通常倾向于深入学习和理解文学理论，积极参与文学分析和讨论，并可能在写作和创意表达方面展现出显著的能力。受外在动机影响的学生可能更关注成绩、证书或未来的职业机会，在学习中有更为明确的目标导向，但也可能限制他们对学习内容的深度探索和长期兴趣的培养。

自我驱动力是学生在没有直接外部激励或要求的情况下继续学习和探索的能力。这种驱动力对于学生在大学期间及其后的终身学习非常重要。

具有强烈自我驱动力的学生往往在学习中展现出更高的主动性和独立性。他们可能会自主选择阅读材料，深入研究特定的文学话题或主动参与课外的文学活动和讨论。这类学生通常对自己的学习过程持批判性态度，不满足于表面的理解，而是寻求深入和全面的理解。虽然自我驱动力在很大程度上取决于个人特质和经验，但它也可以通过不断地挑战和自我反思得到增强。例如，学生可能通过参与文学俱乐部、写作研讨会或个人项目来提高自己的独立学习和研究能力，同时这些活动也有助于他们发现自己的兴趣以及追求的学术目标。

学习动机和自我驱动力不仅影响学生在大学期间的学术成就，还会对他们未来的职业生涯和个人发展产生深远影响。学生的学习动机和自我驱动力在很大程度上决定了他们在大学期间的学术表现和对未来职业的准备。例如，具有强烈学习动机的学生可能会在学术研究中取得卓越成就，或在职业生涯中表现出持续的学习和适应能力。学习动机和自我驱动力也对学生的个人成长和自我实现有着重要作用。通过追求学术目标和个人兴趣，学生不仅可以获得知识和技能，还可以培养独立思考、批判性分析和创造性解决问题的能力。

三、自我学习能力的培养

在大学语文教学中，自我学习能力的培养需要引起高度重视。这一能力不仅影响学生在大学期间的学术表现，还对其未来的终身学习和职业发展具有深远影响。自我学习能力是指个体主动获取知识和技能、解决问题以及应对新情况的能力。在大学语文教学中，这种能力尤为重要，因为文学作品和理论的学习往往需要学生独立思考、分析和解释。

自我学习能力包括独立思考能力、信息搜集和处理能力、时间管理和规划能力以及自我反馈和评价能力。例如，独立思考能力使学生能够对文学作品进行深入分析，而信息处理能力则帮助他们从大量的文献中提取和整合关键信息。这种能力对于学生理解复杂的文学理论、分析文学作品以及表达个人见解非常重要。它还能促进学生的终身学习和个人发展，为他们未来的职业生涯和个人成长打下坚实的基础。

在大学语文教学中，自我学习能力的培养可以通过多种途径来实现。其一，鼓励独立阅读与研究：鼓励学生独立、广泛地阅读文学作品，包括课堂之外的材料，以增强他们的文学知识和理解；提供独立研究的机会，例如通过论文、项目或报告，让学生探索自己感兴趣的文学主题。其二，发展批判性思维和分析能力：通过课堂讨论、写作练习和文学批评来培养学生的批判性思维；引导学生分析不同作者的写作风格、文学作品的主题和结构，以及文学作品与其社会、历史背景的关系。其三，增强信息搜集和处理能力：教授学生如何有效地搜集、评估和整合不同来源的信息，包括书籍、学术文章和网络资源；培养学生的信息筛选能力，使他们能够从大量信息中找到最相关和最可靠的材料。其四，提高时间管理和自我监督能力：教导学生如何合理规划时间和任务，特别是在处理长期项目和论文时；通过设定期中目标和反馈，帮助学生自我监督学习进度，确保学习任务及时完成。

自我学习能力的培养对学生未来的学术、职业和个人发展具有重要意义。自我学习能力强的学生通常能在学术上取得更好的成绩，因为他们能够独立处理复杂的学术内容，并进行深入思考和分析。例如，这些学生在撰写论文和参与研究项目时，能够表现出思维的深度和更高的创新性。在日益变化的工作环境中，自我学习能力是求职者的重要资本。它能够使个人快速适应环境、学习新技能，并有效解决工作中的问题。例如，文学学习中培养的分析能力在许多职业领域中都是宝贵的技能。自我学习能力的培养促进了学生的自我实现和终身学习。学生通过不断地学习新知识和新技能，不仅提高了自身的学术水平，还丰富了个人的生活经验。这种能力还能帮助学生在面对生活和职业中的挑战时保持积极的态度。

第三节 "教"与"学"的协同发展

在大学语文教学中,"教"与"学"的协同发展关注于如何构建有效的教学互动,以促进学生的学术成长和个人发展,同时也关注教师的教学方法和职业成长。

一、新型师生关系下的互动模式

在大学语文教学中,师生互动模式正在经历一场深刻的变革。这种变革的核心是构建一种新型师生关系,强调相互尊重、信任和支持,以及教与学的协同进步。新型师生关系不仅仅是教学方式的改变,它还代表着对教育理念和学习本质的全面重新认识。这种关系的建立和深化,涉及教师角色的转变和学生主体地位的提升以及在教学过程中双方互动的优化。

在这种新型关系中,教师的角色由传统的知识传递者转变为学习的引导者和协作者。这种角色转变要求教师不仅要传授知识,还要激发学生的学习兴趣,引导学生独立思考,培养学生的批判性思维和创造性思维。教师需要根据学生的反馈和需求,灵活调整教学策略和内容,以促进学生的深入学习和个人发展。这种角色转变是对教师专业能力的挑战,也是教师专业发展的重要机遇。

在新型师生关系中,学生不再是被动接受知识的角色,而是成为教学活动的主体。学生被鼓励主动参与学习过程,表达自己的见解,参与课程设计和评估,甚至在某些情况下可以参与到教学内容的创造中。这种主体地位的提升意味着学生在学习过程中有更多的自主性和创造性。学生期望能够自主设定学习目标,利用各种资源,进行自我评估和反思。

新型师生互动模式的核心是教与学的协同发展。在这种模式下,教授和学习不再是孤立的两个过程,而是相互依赖、相互促进的。教师通过对学生的指导和启发,促进学生的学习和发展;同时,学生的反馈和参与又对教师的教学方法和教学内容产生影响，促使教师不断改进和创新。这种相互作用形成了一个动态的、持续进步的教学环境。为了维持和加强新型师生关系，需要进行持续互动和反馈。教师需要定期收集学生的反馈，了解他们的学习体验和需求。同时，学生也需要积极表达自己的想法和建议，参与到教学过程的改进中。这种双向的沟通和反馈有助于建立一种基于相互理解和尊重的教学关系。

二、"教"与"学"的动态平衡

在大学语文教学的互动中，"教"与"学"需要达到一种动态平衡，以确保教学目标的实现和学生学习需求的满足。"教"与"学"的动态平衡是实现教学目标和满足学生学习需求的关键。这种平衡要求教师在教学内容的选择上展现出高度的适应性，同时鼓励学生以多样化的方式参与学习过程。

教学内容的适应性是指教师根据学生的学术背景、兴趣和学习风格灵活调整教学内容。这种适应性不仅体现在教材的选择上，还体现在教学方法和评价方式上。了解学生的学术背景，包括他们的先验知识和已掌握的技能，是制订有效教学计划的基础。教师需要根据学生的实际水平选择合适的文学材料和理论内容。学生的兴趣和学习风格对于学习效果有着重要影响。教师应尝试采用不同的教学方法，如讲故事、开放式讨论或者案例研究，以激发学生的学习兴趣。适应性还意味着在教学过程中能够根据学生的反馈和学习进展灵活调整教学策略。例如，如果某个主题对学生来说过于复杂，教师需要调整教学深度或提供更多的辅导。

学生的多样化参与是"教"与"学"动态平衡的一个重要方面。教师应鼓励学生通过多种方式积极参与学习过程，从而促进他们主动学习和深入理解。通过小组合作，学生可以在讨论和协作中学习，这不仅有助于知识的消化和理解，还能培养团队合作能力和沟通技巧。鼓励学生开展独立研究项目，使他们能够深入探索特定的文学主题或理论。这种方法有助于培养学生的研究能力和创造性。课堂讨论是激发学生思考和表达观点的有效方式。教师可以通过提出开放式问题，激励学生分享自己的想法和解释，从而增加课堂上的互动和交流。

在"教"与"学"的动态平衡中，教授和学习是一个互动的过程。教师的教学内容和教学方法应该能够激发学生的学习兴趣和参与热情，而学生的参与和反馈又是教师调整教学策略的重要依据。建立有效的反馈机制，让学生能够对教学内容和方法提出意见。这可以通过定期的课堂调查、一对一访谈或在线反馈系统实现。根据学生的反馈和学习进展，教师需要不断调整教学内容，确保教学活动既能满足学生的学习需求，又能挑战他们的思维和理解。

三、教师和学生发展的相互促进

在大学语文教学中，新型师生关系特别强调教师与学生发展的相互促进。这种关系模式表明，教师的专业成长和学生的自主学习能力提升是相互依存的，二者在教学过程中相辅相成。

在新型师生关系中，教师的专业成长不仅受到个人努力的影响，也受到学生反馈和互动的影响。这种成长不仅限于知识的积累和技能的提升，还涵盖了教学方法和策略的创新。教师在与学生的互动中可以获得新的教学灵感。学生的问题、讨论和作品提供了不同的视角，这些视角可以激发教师对教学内容和教学方法的新思考。学生的反馈是教师专业成长的重要促进因素。通过学生的反馈，教师可以了解教学方法的效果，识别需要改进的领域，进而提高教学质量。为了适应不断变化的教育需求和学生期望，教师需要持续学习新的教学理论和实践方法。这种持续学习可以通过参加研讨会、阅读最新的教育文献及与同行交流来实现。

在新型师生关系中，学生自主学习能力的提升是教师专业成长的直接成果之一。这种能力的提升不仅有助于学生在学术上取得更好的成绩，还为他们的个人和职业发展奠定了坚实的基础。通过参与课堂讨论、独立研究项目工作,学生可以发展批判性思维,这对于他们理解和分析复杂的文学作品和理论至关重要。在教师的引导和支持下,学生可以学会如何独立进行研究,这包括确定研究主题、搜集和分析数据以及撰写研究报告。在开放式的教学环境中,学生被鼓励采用创新的方法来解决问题和探索新的知识领域,这种创新思维对于他们未来的学术成就和职业发展具有重大影响。

在"教"与"学"的相互促进模式中,教授和学习形成了一个互动的循环。教师的专业成长直接影响教学质量和方法,从而促进学生的学习和发展;反过来,学生的学习成果和反馈又成为教师专业成长的基础。教师和学生在教学过程中形成了一种相互依存的关系。教师的成长需要学生的参与和反馈,而学生的成长则需要教师的指导和支持。这种相互促进的关系意味着教授和学习都是持续改进的过程。教师需要不断地反思和改进自己的教学方法,而学生则需要不断地探索和扩展自己的学习边界。

四、构建融洽的师生关系

在大学语文教学中,构建融洽的师生关系是"教"与"学"协同发展的基础。这种关系不仅依赖于有效的沟通和反馈机制,还需要双方在互动中培养相互尊重和信任。沟通在师生关系中起着重要作用。它是教师了解学生需求、感受和学习进展的主要途径,同时也是学生对教学过程提出建议和反馈的重要渠道。

定期与学生进行沟通有助于教师及时了解学生在学习过程中遇到的困难、兴趣点和进展情况。这可以通过课后讨论、在线交流等方式进行。建立有效的反馈机制可以促进学生对教学过程的参与和投入。教师应鼓励学生对课程内容、教学方法和评估标准提供反馈,同时教师应及时回应学生的反馈,让学生感到他们的意见被重视。尊重和信任是构建融洽师生关系的基石。在这种关系中,教师和学生互相尊重对方的观点和经验，建立基于信任的互动。教师应尊重学生的个性和观点，认真对待学生的问题和建议。同样，学生也应尊重教师的专业知识和教学经验。信任的建立需要时间和努力。教师应通过一贯的公正和支持来赢得学生的信任，学生也应通过积极参与和诚实交流来赢得教师的信任。

在构建融洽的师生关系的过程中，双方承担着共同的责任。这种责任不仅体现在遵守教学规则和诚信原则上，还包括积极参与教学活动和营造教学环境的良好氛围。教师应通过自身的行为和态度来引导建立融洽的师生关系。这包括公平对待每位学生、提供必要的支持和指导以及展现出对学生学习的真诚关心。学生也应积极参与到构建融洽的师生关系的过程中，这意味着学生需要主动寻求帮助，诚实表达自己的观点和需求，以及在课堂上展现出积极的态度。

构建融洽的师生关系是一个持续的过程，需要双方不断地改进和反思。通过定期评估师生关系的质量和效果，可以发现并解决存在的问题，进一步促进关系的深化和发展。定期评估师生关系的状态有助于识别需要改进的领域。这可以通过匿名调查、小组讨论或个别访谈来完成。构建融洽的师生关系需要双方的共同努力，教师和学生都应致力持续改进自己在互动中的行为和态度，以获得更有效的教育和更多的学习经验。

第四章　大学语文教学的核心内容

第一节　文本阅读教学

文本阅读教学是大学语文教学的核心组成部分，它不仅涉及对文学作品的深入阅读和理解，还包括对语言表达、文化价值和历史背景的全面探讨。文本阅读教学的重要性在于，它可以培养学生的批判性思维能力、提高文学鉴赏水平，同时增强语言运用和文化理解能力。

一、大学语文文本阅读教学的重要性

大学语文文本阅读教学不仅是语文教学的核心内容之一，也是培养学生综合素质的重要途径，其重要性主要体现在以下几个方面（如图4-1所示）。

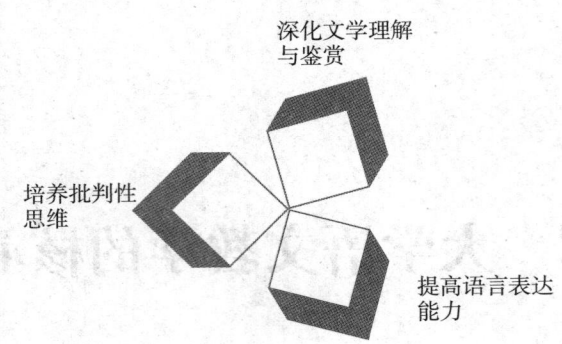

图 4-1　大学语文文本阅读教学的重要性

（一）深化文学理解与鉴赏

首先从阅读本身的作用和意义来看，阅读的最终目的在于接受别人所表达的信息、内容思想和情感，并能对此做出中肯的评价。[①] 大学语文文本阅读教学致力提升学生对文学作品的理解深度，并培养他们对文学艺术的鉴赏能力。学生通过接触和分析各种风格和时期的文学作品，不仅能够欣赏到文学的多样性和丰富性，还能够学习到如何对文学作品进行深入分析和解读。在这一过程中，学生被引导去理解文学作品的多层面意义，包括作品的主题、情节、人物描绘、语言运用等。同时，他们也被鼓励探究作者的写作背景、文化和历史语境以及文学作品中所运用的不同文学技巧和风格。通过这种全面的学习方式，学生不仅能够更加深刻地理解文学作品，还能够提升自己的文学鉴赏能力。

通过深入阅读和分析文学作品，学生能够欣赏到不同文化和时代背景下的文学风格和表达方式。他们开始理解文学作品如何反映和回应其所处的社会和历史环境以及作家如何通过文学来表达个人观点和情感。这种深度的文学理解和鉴赏不仅提升了学生的文化素养，还促进了他们对人类共同经验的理解。在这一过程中，学生还学习到如何对文学作品

---

① 李真微. 语文教育散论 [M]. 北京：团结出版社，2020：3.

的不同解读和批评方式进行分析和评价。他们被鼓励探索文学批评的不同理论和方法，并应用这些方法来分析文学作品。这种综合的学习方法使学生不仅能够欣赏文学作品，还能够批判性地评价这些作品。

（二）培养批判性思维

文本阅读教学在培养学生的批判性思维方面同样发挥着重要作用。通过对文学作品的分析和讨论，学生被鼓励质疑和挑战传统观点，提出自己的见解，学习如何以批判的眼光看待文学和社会问题。在这个过程中，学生不仅学习到了如何对文学作品进行深入分析，还锻炼了自己的思考和评价能力。这种批判性思维的培养对学生的学术研究、创新思维和职业发展非常重要。通过文本阅读教学，学生能够学会独立思考，形成自己的思维模式。

在文本阅读教学培养批判性思维的过程中，学生被教导去认识文学作品中可能存在的偏见和立场，并学会从多个角度审视这些作品。他们学习如何识别和分析文学作品中的象征、隐喻和主题，并探索这些元素如何与社会和文化背景相互作用。通过这种方法，学生不仅提高了自己对文学作品的理解能力，还发展了对社会现象的敏锐洞察力。这种思维方式使他们能够在学术研究中提出独到的见解，并在日后的职业生涯中以批判性和创新性的思维方式解决问题。

（三）提高语言表达能力

文本阅读教学对于提高学生的语言表达能力具有显著的作用。在大学阶段，语言不仅是沟通的工具，还是表达思想、提高批判性思维和创造性思维的重要手段。通过深入阅读和分析文学作品，学生能够在多个层面提升自己的语言技能。

在文本阅读过程中，学生能够接触到多样化的词汇和复杂的语法结构。文学作品中的语言往往具有丰富性和多样性，不同的作家和文学流派展现了不同的语言风格和使用技巧。学生通过阅读和分析这些作品，能够更好地理解和掌握复杂的词汇及句式结构，这对于提高他们的语言理解能力和表达能力十分重要。文本阅读教学不仅包括文学作品的被动阅读，还包括积极讨论和写作练习。在课堂讨论和研讨会中，学生被鼓励分享自己对文学作品的理解和见解，这种互动促进了他们的口头表达能力。同时，通过撰写分析性论文或创意写作，学生能够进一步练习和提升自己的书面表达技巧。

批判性思维的培养和语言表达能力的提高是相辅相成的。通过文本阅读教学，学生学会了如何将自己的批判性思维通过言语表达出来。这不仅意味着学生能够清晰、准确地表达自己的想法，还能够逻辑严密、有说服力地展现自己的观点和分析。语言表达能力对学生未来的学术研究和职业发展也十分重要。在学术领域，清晰、有逻辑的表达是论文写作和学术交流的基础。在职业生涯中，无论是公共演讲、团队协作，还是客户沟通，良好的语言表达能力都是成功的关键。

二、大学语文文本阅读教学的目标

大学语文文本阅读教学不仅注重提升学生的基本认知和思辨能力，还致力培养他们的鉴赏能力和创新能力。这样的教学目标有助于全面提升学生的文学素养，具体目标包括以下几点（如图4-2所示）。

第四章 大学语文教学的核心内容

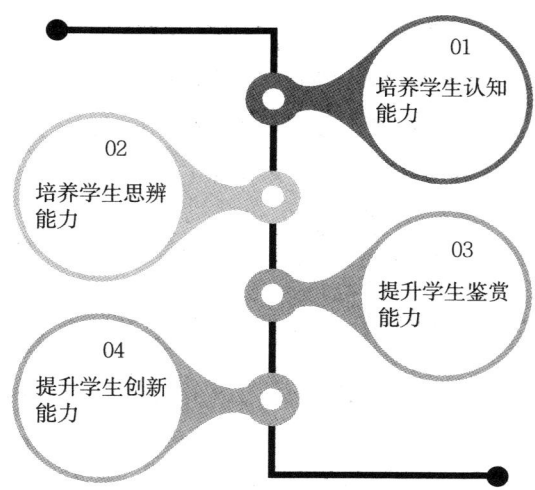

图 4-2 大学语文文本阅读教学的目标

（一）培养学生认知能力

在大学语文文本阅读教学中，培养学生的认知能力是一个核心目标，它涉及学生如何有效地理解、分析和评价文学作品。这一过程不仅要求学生掌握基本的阅读技巧，还要求他们能够深入地理解文本的深层含义，发展综合性分析能力。

认知能力在大学语文阅读教学中具有多个维度。它包括对文本中的语言信息的理解，例如词汇、句法和语篇结构的理解。认知能力还涉及对文本中表达的观点、情感和主题的理解，以及这些元素如何与作者的写作背景和文化环境相互作用。这些能力使学生能够从文本中提取关键信息，并将这些信息与自己的知识和经验相结合，形成更加全面和深入的理解。在大学语文教学过程中，认知策略的运用对于培养学生的认知能力具有重要作用。这些策略包括但不限于预测、概括、提问和可视化等，它们可以使学生的阅读过程更加高效。通过实施这些策略，学生能够更好地理解文本内容，提高他们的理解和批判性思维能力。图式理论是认知心理学中的一个重要概念，它指出阅读理解是基于读者已有的知识结构或图式进行的。在大学语文阅读教学中，教师可以帮助学生构建和拓展他们的图式，从而提高他们的阅读理解能力。为了培养学生的综合认知能力，教师需要采用多种教学方法和策略。这包括提供丰富的背景知识，引导学生进行深入的文本分析，鼓励学生提出问题并探索答案，以及使用思维导图和其他可视化工具帮助学生理解和整合信息。此外，教师还可以通过小组讨论、研究项目和写作练习等方式，鼓励学生在实践中应用和发展他们的认知能力。

（二）培养学生思辨能力

思辨能力不仅关乎学生如何理解和分析文本，还涵盖了如何将阅读内容与更广泛的知识和现实世界联系起来的能力。这一过程对于学生的整体学术发展和未来的职业生涯具有深远的影响。思辨能力在语文教学中主要指学生分析、评价和综合信息的能力，以及在此基础上形成自己见解的能力。它不仅涉及对文本内容的理解，还包括对文本所提出观点的批判性评估，以及将这些观点与现实世界和其他知识领域相联系。此外，思辨能力还包含了在多个视角之间进行比较和综合的能力。在当前快速变化的社会环境中，学生需要具备独立思考和批判性分析的能力。这不仅有助于他们更深入地理解文学作品，还能帮助他们在未来的学术研究和职业生活中做出理性的判断和决策。思辨能力的培养还可以帮助学生理解复杂的社会和文化现象，增强他们的社会意识和责任感。

在大学语文文本阅读教学中，培养学生的思辨能力可以通过多种方式实现。教师可以设计一些批判性阅读活动，如辩论、研究项目和案例分析，以此来激发学生的思辨能力。有效的思辨性阅读教学活动应当鼓励学生超越文本的表面层次，深入探索文本的深层含义。这包括对作者的意图、文化和历史背景、文学技巧以及文本所提出的观点和论证的分析。教师应当设计一些活动，如小组讨论、研讨会和写作练习，以促进学生在这些方面的思考。理性思维是思辨能力的核心组成部分。它要求学生在分析和评价文本时能够保持客观和理智的态度。教师应当引导学生学会基于事实和逻辑推理来分析文本，鼓励他们在阅读过程中提出疑问，并寻找答案。通过这种方式，学生能够逐渐发展出独立的思辨能力。

（三）提升学生鉴赏能力

鉴赏能力涉及对文学作品的深入理解、美学评价和文化内涵的领悟。在教学过程中，教师的文本解读能力和对学生个性化阅读需求的关注，对提升学生的鉴赏能力至关重要。

教师在提升学生鉴赏能力的过程中扮演着重要角色。教师需要具备强大的文本解读能力，能够深入理解文学作品的多重含义，并能有效地传达给学生。在备课环节，教师需要对文本进行彻底分析，从而在课堂上提供精准、深入的解读。这不仅包括对文本主题和结构的理解，还包括对作者写作风格、文化背景和语言特点的分析。为了提升学生的鉴赏能力，教师需要激发学生的阅读兴趣。这可以通过推荐与学生兴趣相符的文本、增加阅读材料的多样性以及提供丰富的阅读体验来实现。通过不断提高阅读强度和质量，学生的理解能力和鉴赏能力能够得到逐步提升。

在教学方法上，教师应注重对文章独特写作技巧和风格的剖析。在全面把握文章内容的基础上，教师应具体分析文本的核心精髓。其中包括对作品的语言特征、情感表达、象征手法等方面的深入解读。通过这样的方法，学生不仅能够理解文本的表面意义，还能探索作品的深层含义。教师应引导学生独立分析和鉴赏文本。这需要学生学会从文本实际出发，运用已有经验合理分析文章内容，避免陷入理解的误区。通过比较分析不同文体的特点，如散文的随性和记叙文的夹叙夹议，学生能够更加全面地理解文学作品。

在实际的阅读教学中，教师应明确文本的主题和核心，并深入探讨文本所提供的信息。这有助于提高教学的质量和效率，同时帮助学生深入理解文本内容。通过对比分析教材中的各个元素，如字词句的特点，学生能够更好地理解文本的鉴赏价值。

（四）提升学生创新能力

提升学生创新能力有助于学生在阅读理解的基础上发挥创新性思维并应用到实际中。这不仅要求学生掌握文本的基础理解，还要求他们能够在已有知识的基础上，形成新的思考和见解。

在提升学生创新能力时，教师需要注重科学的训练方法和内容设计。这意味着教师不仅要让学生掌握阅读的基本技巧和认知策略，还要引导他们将这些技巧和策略用于创新思维的发展。认知策略，如组织策略、复述策略和精细加工策略，都应被纳入阅读训练之中，以促进学生在阅读过程中的内化。为了提升学生的创新能力，教师应引导学生在阅读过程中运用创新思维。这包括鼓励学生对文本进行深入挖掘，并在阅读中结合自身联想进行分析。例如，鼓励学生对文章的写作技巧和风格进行深入探析，从而形成对文本的新理解和新见解。教师应采用多样化的教学方法来促进学生的创新能力发展。这包括尊重学生对阅读文本的多元化解读，探索自主和合作的学习模式，以及改变传统的单向知识传授方式。通过这些方法，学生可以在阅读过程中提升反思和创新的能力。

文本阅读教学的目标是全面提升学生的语文素养，确保他们各个方面的阅读技能都能够均衡发展。这不仅包括知识体系的充实和阅读方法技巧的学习，还包括对阅读过程中的创新思维和创造能力的培养。教师应通过合理的教学活动和方法，确保学生能够在阅读过程中充分发挥自己的创造潜能。

三、多元文学题材的文本阅读教学

文本阅读是大学语文教学的基石，它不仅涉及对语言的深入理解和应用，还包括对文化、历史和人类情感的探索。在这一过程中，多元文学题材的阅读教学起着关键作用,它不仅丰富了学生的学术视野,也提升了他们的思辨能力和创造力。从诗歌到散文,从小说到戏剧,每种文学形式都有其独特的魅力和教学价值(如图 4-3 所示)。通过对不同文学题材的深入教学,学生能够获得全面的文学理解和鉴赏能力,为他们的个人成长和学术发展奠定坚实的基础。

图 4-3　多元文学题材的文本阅读教学

(一)诗歌阅读教学

诗歌阅读教学在大学语文教学中占据着重要的地位,它不仅是学生接触文学的重要途径,也是塑造审美情感、丰富想象力和培养创造能力的关键环节。诗歌以其独有的艺术魅力,深刻影响着学生的心灵,激发着他们对美好生活的向往和对深层人生价值的探索。

诗歌阅读不仅仅是对诗歌文本的解读,更是一种审美体验和精神交流的过程。它能够帮助学生建立起正确的人生观和价值观,提升他们的人文素养。通过诗歌阅读,学生能够接触到不同历史时期、不同文化背景下的人生哲理和情感表达,从而培养他们的情感敏感性和同理心。例如,通过研读苏轼的《定风波》和陶渊明的《归园田居》,学生不仅能够理解作者的情感和态度,还能够领悟到其中蕴含的对自然和生活的深刻思考。诗歌中的形象、情感和哲理对大学生的心理成长具有重大影响。诗歌能够激发学生的想象力,丰富他们的情感体验,有助于他们构建健全的人格。在诗歌阅读过程中,学生能够体验到作者的情感波动,理解不同的人生态度和精神追求,这对他们形成乐观向上的生活态度以及高尚的品质具有积极作用。通过诗歌阅读教学,学生不仅能够学习诗歌的语言艺术和表现手法,还能够在实践中形成自己的诗歌创作风格。这种教学不限于传授诗歌的知识,更重要的是激发学生的创造性思维和审美鉴赏能力。教师在引导学生进行诗歌阅读时,应注重培养学生的感情投入和情感共鸣,帮助他们深入理解诗歌的内涵和美学价值。

要想提升诗歌阅读教学的效果,首先需要选择符合学生兴趣和认知水平的诗歌。教师应尊重学生的个性化发展,引导他们根据自己的兴趣选择诗歌,并在此基础上提高他们的诗歌创作能力。此外,教师应鼓励学生积极参与诗歌的学习和讨论,通过合作学习、自主学习等方式,激发学生的学习兴趣和主动性。诗歌阅读教学不仅是传授知识的过程,更是一种审美教育和创新教育的实践。教师应在诗歌教学中强调诗歌的特质,如音乐美、情感表达和想象力的发挥,这对于提升学生的语文素养和创新能力具有重要意义。教师应该探索多样化的教学方法,包括诗歌吟诵、写作和批评等,以丰富学生的诗歌学习体验。

(二)散文阅读教学

散文阅读教学在大学语文教学中占据着独特而重要的地位。它不仅是对文学作品的解读,更是对学生审美能力、情感体验和创造力的培养。散文以其独有的文风和表现手法,为学生提供了丰富多彩的阅读体验,同时对他们的个人成长和心理发展产生深远影响。散文阅读教学在培养学生对美的感知和理解方面起着核心作用。散文作品通常蕴含着丰富的情感和深刻的人生哲理,能够激发学生的想象力和创造力。散文的美学体验不限于文本的直观感受,更涉及对作者情感、思想和文化背景的深入理解。例如,沈从文的《边城》不仅展现了自然美景,更深刻地描绘了人物心理和社会文化特色。

当前大学语文散文阅读教学中，学生的散文阅读体验往往停留在表面。对散文美学价值的分析忽视了作者的文化心理和审美发展史，导致学生对作品的理解和鉴赏不够深入和全面。为了有效提升散文阅读教学效果，首先需要重建审美标准和内容。教师应尊重学生的主体地位，激发他们的探索意识。同时，教师应注重散文作品的文化背景、作者特点以及文学风格的综合分析，引导学生深入理解和鉴赏散文作品。例如，在分析《听听那冷雨》时，教师应引导学生关注作品细节，提高他们对散文中美学体验的感知。

在散文阅读教学中，教师应引导学生厘清文章的思路，深入体验作者的真情实感。在教学过程中，教师要帮助学生梳理出作者的情感线索、时间线索和事件线索，从而更深刻地理解和感受作品。同时，教师还需要鼓励学生主动参与散文的阅读和讨论，引导他们从个人的角度进行深层次的对话和反思，以培养他们的独立思考能力和创造力。散文阅读教学应采用多元化的教学方法，如文本分析法、情景模拟法、角色扮演法等，以丰富学生的教学体验。

（三）小说阅读教学

小说阅读教学是大学语文教学的重要组成部分，它不仅提升学生的文学鉴赏能力，还激发他们的创造性思维和深度理解。小说作为一种文学形式，通过丰富的叙事技巧和深刻的主题思想，为学生提供了一个探索人性、社会和文化的窗口。

对小说内涵的理解是小说阅读教学的核心。在小说中，作者通过人物的语言、动作和心理描写，构建起鲜明的人物形象和生动的故事情节。小说的环境设置，包括自然环境和社会环境，不仅推动故事的发展，还营造了特定的氛围。例如，鲁迅的《祝福》通过细腻的环境描写，展示了小说人物悲惨的生活环境，预示着悲剧的发生。这种深入分析有助于学生掌握小说的艺术特点和叙事技巧，进一步理解作者的创作意图。在理解小说内涵的基础上，教师应引导学生深化对小说主题的理解。

小说的灵魂在于其主题，教师需要从多个角度分析小说的主题，探讨作品中的人物命运和情节设置。例如，分析《祝福》时，不仅要关注祥林嫂的命运，还要考虑她善良的性格特点，将小说的主题提升到社会层面。这种多层次的探讨有助于学生理解小说的深层含义，同时激发他们的创造性思维。小说的叙事技巧是理解其艺术魅力和文学价值的关键。教师应引导学生从叙事学的角度对小说进行品读和鉴赏，探讨不同叙事角度、时间和结构对小说表达的影响。例如，通过分析"马原体"小说的叙事风格，教师可以让学生直观地理解叙事角度对小说表达的重要性。教师在小说阅读教学中应重视学生的主体经验和情感投入。通过创新的教学方法，如角色扮演、情景模拟等，教师可以激发学生的学习兴趣和主动性。例如，在教授《游园惊梦》时，通过角色扮演和群体讨论，教师可以帮助学生深入理解人物性格和故事背景。

（四）戏剧阅读教学

戏剧阅读教学在大学语文教学中具有独特的地位和重要性。它不仅是学生了解戏剧艺术的重要途径，也是激发他们创作能力、思维理解能力和表达能力的有效手段。戏剧阅读教学使学生能够深入理解戏剧作品中的社会意义和艺术形式，促进他们对传统文化的传承与传播。

戏剧阅读教学的核心不在于学生学会表演，而在于让学生体验戏剧中尖锐的矛盾冲突、深刻的社会意义以及高超的艺术形式。这种教学方法有利于学生对优秀传统文化的了解和传承，同时也有助于学生形成良好的品格和形象。戏剧作品的多样性和教学手段的丰富性为戏剧阅读教学增添了吸引力，促进了学生的心理成长，帮助他们更好地理解语文阅读教学的本质。

戏剧的表现形式包括文字和舞台表演，因此，在研究戏剧时不能忽视其文学性特点。教师应采用精读的方式来分析戏剧文本,从而使学生能够深刻理解并感悟作品内涵。例如,通过对戏剧文本中特定场景的细致阐述,教师可以引导学生深入体验戏剧中的情感,凸显戏剧的艺术魅力。为了丰富学生的戏剧知识,教师可以将教材中的戏剧作品与其他优秀作品结合起来,进行对比分析。这种方法有助于学生初步掌握戏剧文本的特点,为他们之后的学习打下基础。在引导学生欣赏戏剧作品时,教师应遵循由易到难、循序渐进的原则。戏剧阅读教学不仅涉及文本的解读,还包括对戏剧情境的深入体验。教师可以通过角色扮演、情景模拟等方法,让学生深入戏剧的情境中,体验不同角色的情感和冲突。例如,在分析《雷雨》时,教师可以请学生扮演各个角色,探讨他们的心理动态和人际关系,从而更加深入地理解戏剧的主题和情感。

第二节　口语交际教学

口语交际就是交际双方在特定的语境里,为了特定的目的,或基于一定的话题,运用口头语言和适当的方式,传递信息、交流思想和感情的言语活动,是听说双方互动和交流的过程,具有应用的广泛性、表达的特定性、内容的随机性、形式的独特性、手段的多样性等特点。[①] 在当今时代,口语交际能力已成为大学生必备的核心技能之一。本节对口语交际教学进行解析,旨在揭示如何有效培养学生的口语交际能力,以适应日益全球化和多元化的社会环境,从而提高他们的语言运用水平和社会交往能力。

一、口语交际教学的理念

口语交际教学的理念是多方面的,它不仅强调语言能力的提升,更重视培养学生在全球化背景下的社会交往能力、文化理解能力。这种全

---

① 郝晓辑.语文教育与文学素养研究[M].北京:中国纺织出版社,2019:83.

面而深入的教学理念为学生在现代社会中的沟通和交流打下了坚实的基础。在当今多元化和信息时代背景下，口语交际教学的理念强调多维度、互动性和实践性。这意味着，教学不仅仅局限于传统的听说技能培养，还扩展到了如何使学生能够在不同的社会和文化环境中有效地与人交流和表达自己。在这一教学理念指引下，重视学生的个体差异、鼓励学生主动学习和思考成为教学的关键。

口语交际教学注重学生能力的全面发展。不仅包括语言表达的流利度和准确性，还包括非语言沟通技巧的培养，如肢体语言、面部表情和眼神交流等。这些能力的结合，有助于学生更全面地理解和参与到交流中，提高他们的沟通效果。当前口语交际教学更强调学生的实际应用能力，通过模拟真实场景的教学方法，如角色扮演、情景对话和公开演讲等，学生能够在类似真实的社交环境中练习和提升自己的口语交际能力。这些实践活动不仅增强了学生的语言实用性，还提高了他们的适应能力，增强了他们的自信心。这一教学理念还强调批判性思维和文化意识的培养。在跨文化交际的背景下，学生被鼓励去理解和尊重不同的文化背景和观点，这对于培养学生的全球视野和文化敏感性意义重大。通过对不同文化语境下的交际方式的学习，学生能够更好地适应日益全球化的形势。口语交际教学的理念还涵盖了对技术的运用。在数字化时代背景下，通过网络、社交媒体等现代通信工具进行有效沟通的能力也成为教学的一部分。这不仅包括了解和掌握这些工具的使用，更重要的是理解在数字化环境下沟通的特点和挑战。

二、口语交际教学的目标

在大学语文教学中，口语交际教学的目标已经超越了传统的语言技能训练，转向更为全面和实用的沟通能力培养。这种转变反映了社会对学生综合交际能力的高度需求。口语交际教学的目标主要包括以下几个方面（如图4-4所示）。

第四章　大学语文教学的核心内容

图 4-4　口语交际教学的目标

（一）培养有效的口头表达能力

在大学语文教学中，培养学生的有效口头表达能力是十分重要的。这项能力不仅涉及日常生活中的基本沟通技能，还关系到学生未来在学术和职业领域的成功。有效的口头表达能力包含几个关键方面：清晰性、准确性、适应性和创造性。

（1）清晰性是口头表达的首要要求。学生需要学会如何清楚地表达自己的想法和意见。这不仅涉及选择恰当的词汇和短语，还包括语言的组织和结构。学生应被教导如何有效地组织他们的语言，使其具有逻辑性和连贯性，从而使听众能够轻松地理解和跟随。

（2）准确性则涉及使用正确的语言来表达特定的思想。其中包括词汇的恰当选择、语法的准确性和语句的清晰度。在教学过程中，重视语言的精确性和表达的清晰度，帮助学生避免误解和混淆。

（3）适应性是指学生能够根据不同的听众和情境调整其口头表达方式。这需要学生理解不同听众的需求和期望以及如何根据这些需求调整他们的语言风格、语速和内容。例如，在正式的学术演讲中，学生可能需要使用更正式和结构化的语言；而在非正式的讨论中，则可以采用更自由和轻松的表达方式。

(4)创造性表达是口头交际教学中的一个进阶目标。它鼓励学生不仅要遵循传统的表达方式,还要寻找新颖和创造性的方式来传达他们的想法。这可能包括使用比喻、类比、故事讲述、幽默等技巧,以更吸引人和有影响力的方式进行沟通。

(二)加强听力理解和反馈技巧

在口语交际教学中,加强听力理解和反馈技巧是另一个重要的教学目标。这不仅涉及对语言信息的接收和理解,还包括对信息的有效反馈,这对于确保沟通的有效性和互动性至关重要。

听力理解能力的提升不仅是指对语言本身的理解,还包括对说话者意图、语气和非语言线索的理解。在口语交际中,有效的听力理解能力使学生能够更准确地捕捉和理解信息,从而更有效地参与到交流中。为了提升这一能力,教学中可以采用多种活动,如听力练习、情景模拟和角色扮演,其中重点是训练学生捕捉关键信息和理解不同语境下的言语。有效的反馈是交流的核心组成部分。这不仅意味着对所听内容的回应,还要求学生能够在理解对方信息的基础上,提供有建设性和相关性的反馈。这包括对话题的扩展、提出相关问题或提供个人见解。教学中可以通过小组讨论、模拟面试、公开辩论等方式来训练学生的反馈技巧。此外,教师还可以通过示例和反馈练习来指导学生如何提供有效和恰当的反馈。在不同的交际情境中,听力理解和反馈方式可能会有所不同。因此,提高学生的情境适应能力也是教学的一个重要方面。学生需要学会如何根据不同的交际环境(如正式与非正式、文化差异等)调整他们的听力策略和反馈方式。通过模拟不同的沟通情境,学生可以学习如何在各种环境中有效地倾听和回应。

(三)提升跨文化交际能力

提升跨文化交际能力是现代教育中的一个重要方面,特别是在全球化的背景下。这要求学生不仅要理解和尊重不同文化的交际习惯，还要能够有效地在多元文化环境中沟通。

跨文化交际能力的培养首先从理解和尊重不同文化开始。学生应该了解不同文化中沟通的方式和习俗，包括语言使用、非语言交流方式、礼仪习惯等。通过文化比较和案例研究，学生可以学习如何识别和适应不同文化背景下的交际差异。在跨文化交际中，避免冲突和误解同样重要。教学中应包括关于如何识别和管理文化差异可能引起的误解和冲突的内容。学生需要学会如何在尊重差异的同时，找到有效的沟通策略，以促进相互理解与和谐地交流。适应多元文化交流能力是跨文化交际教学的核心。这不仅涉及语言能力的提升，还包括对多元文化背景下交流方式的适应性。例如，教学活动可以包括多元文化团队项目、国际交流活动等，以此来训练学生在实际的多元文化环境中有效沟通。

（四）强化批判性思维和创造性表达

在口语交际教学中，强化批判性思维和创造性表达是提升学生综合沟通能力的重要方面。这一目标不仅涉及语言表达技巧，还包括了思维的深度和广度以及个性化表达能力。在口语交际中，学生不仅要理解和消化他人的言论，还要对其进行分析和评估，提出自己的见解。为了培养学生的批判性思维，教学中可以通过讨论、辩论和案例分析等方式，鼓励学生深入分析不同的观点和论据，从而形成自己的判断和见解。创造性表达是指在交流过程中创新和个性化地表达自己的思想和观点。这不仅涉及原创性的思想，还包括使用独特的表达方式，如隐喻、比喻、故事讲述等。教师应鼓励学生探索和实践各种新颖的表达方式，促进他们的创造力和想象力。强化批判性思维和创造性表达的关键在于将这两种能力有机整合。在实践中，学生不仅要学会对信息进行批判性分析，还要学会如何将自己的创新想法和见解表达出来。这要求教学方法既要注重思维训练，又要注重表达技巧的培养。

三、口语交际教学的基本原则

口语交际教学不仅是提高学生的语言表达技能，还涉及培养学生在各种社会交往场合中的有效沟通能力。要有效提升学生的口语交际能力，需要遵循以下几项基本原则（如图4-5所示）。

图4-5　口语交际教学的基本原则

（一）在具体交际语境中培养

在具体交际语境中培养的原则强调将口语交际教学与真实生活的语境紧密结合。在具体交际语境中培养的核心在于模拟真实的交流场景，使学生能够在实践中学习和提升口语交际技能。例如，通过模拟商务谈判、团队合作讨论、公共演讲等场景，学生可以在类似真实环境下练习交际技巧，从而有效提升他们的实际交际能力。具体交际语境还可以帮助学生将理论知识应用于实践中，提高在真实环境中的沟通技巧。学生通过这些模拟活动不仅学会了如何表达自己，还学会了如何在不同的社会和专业情境中有效地交流。此外，情境化的教学还可以包括角色扮演，这种方式能够使学生更深入地理解不同角色的沟通方式和交际技巧，从而在多元化的交际环境中游刃有余。在具体交际语境中进行口语交际的培养，还可以通过现代技术如多媒体演示、视频录制等手段，来增强教学的真实感和互动性。例如，利用视频录制学生的演讲或对话，然后进行回放分析，可以帮助学生更直观地认识到自己在口语表达和非语言沟通方面的优势和不足，进而进行有针对性的改进。

（二）利用具体材料激发学生内心感受

利用具体材料激发学生内心感受的原则在大学语文口语交际教学中扮演着重要角色。这一原则强调通过接触和反思具有强烈情感和思想深度的材料，激发学生的内在感受，进而提升他们的口语表达能力。当教学中引入具体的、能引起共鸣的材料，如生动的故事、引人深思的诗歌、热门话题或者影响深远的历史事件时，学生往往能更加积极地参与到口语交际活动中。这些材料不仅能够激发学生的兴趣，还能够激起他们对话题的深入思考，从而在口语交流中更自如地表达自己的看法和情感。这种教学原则还鼓励学生将个人经历和观点融入口语交流中。在讨论触动心灵的材料时，学生往往更愿意分享个人感受和经验，这样的交流不仅增强了他们的语言表达能力，还增加了他们的思维的深度和广度。

（三）结合阅读教学

在大学语文教学中，结合阅读教学培养学生的口语交际能力具有重要意义。这种方法不仅增强了学生的语言表达能力，还加强了他们对文学作品深层含义的理解与感受。例如，通过朗诵和分析经典文学作品，学生能够更深入地体验和理解作品中的情感和思想。这种活动帮助学生将阅读中的内省转化为口头表达，从而提高了他们的沟通能力。教师还可以利用文学作品中的情境、人物和事件，设计相关的口语交际活动。这些活动能够促进学生将阅读内容与实际生活相结合，进而激发他们的言说兴趣和参与度。通过这样的结合，学生在练习口语表达的同时，也能够提高对语境的感知能力，这对于任何有效的口语交际都是必不可少的。

（四）密切联系现实生活

将口语交际教学与学生的实际生活紧密联系起来，是提高教学效果的另一重要策略。这种方法使得教学内容更加生动和贴近学生的实际体验，从而激发学生的学习兴趣和参与度。例如，教师可以选择学生感兴趣的社会热点问题或与他们生活密切相关的主题，作为口语交际的教学内容。这种做法不仅能够提高学生的参与感和实际应用能力，还能够帮助他们更好地理解和应对现实生活中的各种交际情境。利用多媒体技术作为教学辅助手段，如录音、录像等，更有助于学生在实际操作中学习和改进。这样的互动和参与对于学生的口语交际能力的提升是非常有效的。通过这些活动，学生不仅能够练习和提高口语表达能力，还能够提高创造性表达能力。

四、口语交际能力的培养策略

培养学生的口语交际能力是大学语文教学中的重要环节。这一过程涉及多方面的训练和策略，旨在全面提高学生的口头表达、听力理解以及跨文化交际能力。以下是口语交际能力培养的几个关键策略（如图4-6所示）。

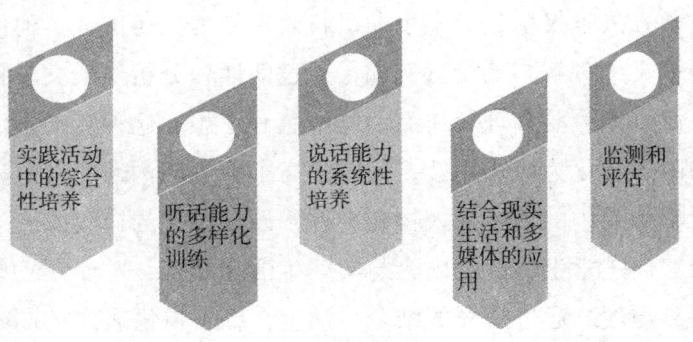

图4-6 口语交际能力的培养

（一）实践活动中的综合性培养

这种培养方法的核心在于结合学生的实际生活经验和潜在的职业需求，通过多种实际应用场景来提高他们的口语交际能力。例如，学生可以参与模拟商务会议、文化交流活动、学术研讨会，这些活动不仅让学生实践所学的语言技能，还能培养他们的团队合作和社交能力。这种综合性培养方式的优势在于其直接性和现实性，它让学生在与现实世界紧密相连的情境中练习交际能力。在这些情境中，学生可以进行广泛的口头练习，如在团队项目中沟通协作，或是在公共演讲中表达观点。这既能提高他们的语言表达能力，又能增强他们在多样化环境中有效沟通的能力。

除了传统的语言技能训练外，这些活动还强调了跨文化交际能力的培养。在全球化的背景下，了解并尊重不同文化背景下的沟通方式变得尤为重要。教师可以通过引入多元文化背景的交际案例，帮助学生理解和适应不同文化中的沟通习惯和潜在差异。

（二）听话能力的多样化训练

多样化训练不仅能够提升学生对口语信息的敏感性和理解力，还锻炼他们的注意力和反应速度。多样化的听话训练方法，如听问回答、听后复述、听写听记、听读听播、听辨听评，都是针对不同的听力技能和思维能力进行的专门训练。

听问回答的练习强调了对信息的快速理解和回应，促使学生在听到问题时能迅速组织思路并给出恰当的答案。这不仅锻炼了他们的聆听技能，还提高了他们的逻辑思维和口头表达能力。听后复述的练习则更加注重对信息的记忆和再加工，要求学生将所听内容用自己的话重述出来，这既是对记忆力的锻炼，也是对理解能力和表达能力的全面提升。听写听记的训练是将听力与书写技能相结合，要求学生准确记录听到的信息，这种练习特别适合提高学生的注意力和细节捕捉能力。听读听播的练习通过收听他人朗读或广播内容来提升学生的理解能力和分析能力，这种方式有助于学生更好地理解语言的节奏、语调和情感色彩。听辨听评的训练则是一种高级的听力技能训练，它不仅要求学生理解所听内容，还需要对内容进行评价和判断。这种训练方式培养了学生的批判性思维能力，使他们能够在听到的信息中进行分析、辨别和评价。

（三）说话能力的系统性培养

说话能力的系统性培养是口语交际教学中的一个关键环节，它不仅关注学生的语言表达能力，还包括对他们的思维、创造能力的培养。多样化的训练方法，如朗读朗诵、课文复述、课堂谈话、讨论、口头作文、演讲、辩论等，都是为了全面提升学生的口头表达能力。

朗读和朗诵训练能够帮助学生理解和表达文学作品的情感和节奏，同时也锻炼了他们的语音语调，提高了吐字清晰度。课文复述不仅让学生加深对课文内容的理解，还能训练他们用自己的话重新组织和表达信息。这种训练方法对提高学生的信息整合能力和语言组织能力非常有效。课堂谈话和讨论则强调了学生的即兴表达能力和互动交流能力。在这些活动中，学生需要即时组织语言回应他人的观点，并提出自己的见解。这些活动不仅锻炼了学生的思维敏捷性，还增强了他们在公众场合表达时的自信。口头作文和演讲则更多地关注于学生的创造性和逻辑性表达。在这些活动中，学生需要清晰、有条理地组织自己的思想，并通过口语形式表达出来。这种训练对于提升学生的组织能力和创新思维非常有效。辩论训练则注重逻辑推理能力的培养。在辩论中，学生需要分析问题，构建论证，并有力地反驳对方的观点。这不仅锻炼了学生的口头表达能力，也提高了他们的思辨能力。

通过这些综合性的训练方法，学生的说话能力可以得到系统性的提升，使他们在不同的交际场合都能够有效、自信地表达自己的观点和想法。

（四）结合现实生活和多媒体的应用

结合现实生活和多媒体的应用，口语交际教学可以更加生动、有效地提升学生的交际能力。通过将教学内容与学生的日常生活和社会热点问题联系起来，教师可以激发学生的学习兴趣和参与热情，使学习过程更加贴近真实的交际场景。例如，教师可以设计一些基于当前新闻事件或社会议题的讨论活动，鼓励学生表达自己的观点和想法。这种方式不仅能够帮助学生学习如何在现实语境中运用口语技能，还培养了他们的问题解决能力。多媒体技术的应用则进一步增强了口语交际教学的互动性和实践性。利用视频录制、在线交流平台、模拟软件等工具，学生可以在更加多样化和动态的环境中进行交际练习。例如，通过视频模拟面试或在线小组讨论，学生能够在相对真实的环境中练习口语技能，同时接收来自教师或同伴的即时反馈。多媒体技术还提供了一个平台，供学生观察和分析不同的交际情境和风格。通过观看不同背景下的交流视频，学生可以学习到多样的交际方式和技巧，增强他们的跨文化交际能力。

（五）监测和评估

监测和评估在口语交际能力的培养中扮演着重要角色。它们不仅帮助教师了解学生的学习进展和存在的问题，还鼓励学生积极参与自我改进的过程。

定期的口语测试是评估学生口语交际能力的直接方法。这些测试可以采取多种形式，如模拟对话、即兴演讲、角色扮演等，以评估学生在实际交流中的表现。通过这种方式，教师可以具体了解学生在语言组织、清晰度、逻辑性等方面的情况，以及适应不同交际情境的能力。演讲比赛和模拟面试则提供了一个更为正式的评估平台。在这些活动中，学生不仅要展示自己的口语技能，还要展现自己的思维能力、创造能力和应对压力的能力。这种评估形式有助于增强学生的自信心，同时也能让他们在较真实的情境中练习和展示自己的技能。同伴评价和自我评价是另一种重要的评估工具。通过这种方式，学生可以在安全的环境中获得反馈，了解自己的长处和需要改进的地方。同伴评价还鼓励学生之间的交流和合作，使他们能够从不同的视角看待口语交际。自我评价则促进学生的自我反思，帮助他们在学习过程中更加主动和自觉。

通过上述多方面的培养策略，可以全面提升大学生的口语交际能力。重要的是，教师应根据学生的具体情况和能力水平灵活运用这些方法，确保每个学生都能在口语交际方面取得显著进步。

第三节 写作教学

大学语文写作教学是大学语文教学的重要组成部分，旨在培养学生的语言表达能力和思维能力。这一教学领域不仅注重理论知识的传授，更重视学生实际写作能力的培养。在大学语文写作教学中，教师通过与阅读、实践活动和专业知识的结合，引导学生深入探索写作知识，提升写作技能。

一、写作教学的特征

大学语文写作教学与专门的大学写作课程存在显著差异。专业写作课程侧重于系统化的写作理论，课程内容通常以理论验证为核心，结合读写练习来加强对理论的理解和应用。而在大学语文课程中，写作教学并不深入探讨理论，而是更多地关注学生的写作实践。在这种教学框架下，写作不仅与阅读紧密结合，还与实际生活实践和专业学习相融合，形成了大学语文写作教学的三大特点（如图4-7所示）。这种教学方式更注重在阅读与写作的实践中促进学生综合能力的发展，而非单纯依赖理论教学。

第四章 大学语文教学的核心内容

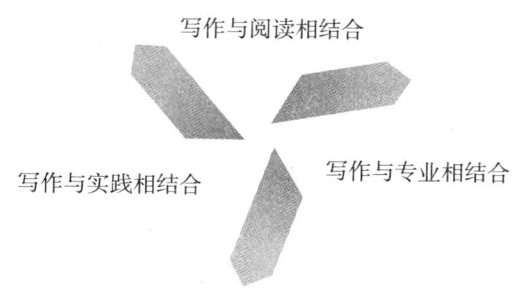

图 4-7 写作教学的特征

（一）写作与阅读相结合

阅读是吸收，写作是倾吐，倾吐能否合乎法度，显然与吸收有密切的联系。[①] 阅读与写作如同人的呼吸，一个人不可能只呼不吸，也不可能只吸不呼，呼吸均匀生命才有活力。在大学语文写作教学中，将写作与阅读紧密结合是一个重要特点。这样不仅促进了学生理解和吸收优秀文学作品的深层含义，还激发了他们的写作兴趣和创造力。

阅读提供了丰富的写作素材。通过阅读，学生可以接触到各种不同风格和体裁的文学作品，从而积累了大量的写作素材。这些素材不仅包括具体的情节、人物和背景，还包括作者独特的表达方式和思想感情。例如，学生在阅读一篇描述自然景观的诗歌后，可以学习其中如何通过细腻的语言来描绘景物，这些学习成果可以直接应用到他们自己的写作中。阅读还促进了学生写作技巧的提升。通过分析和研究不同作者的写作风格和技巧，学生可以学习如何有效地构建叙事结构、创造生动的人物形象和运用恰当的修辞手法。例如，学生在阅读一篇小说时，应注意作者是如何通过对话和内心独白来展示人物性格的，这种技巧可以在他们自己的创作中得到应用。阅读与写作的结合还能够鼓励学生的创造性思维。在阅读过程中，学生不仅要被动地接受信息，还要主动地思考和

[①] 叶圣陶. 好读书而求甚解：叶圣陶谈阅读[M]. 北京：开明出版社，2017：29.

解析作者的意图和表达方式。这种积极的思考过程可以激发学生的创造力，使他们在写作时能够提出独特的观点和创新的表达方式。将写作与阅读相结合还有助于培养学生的批判性思维。在分析和评价所阅读的作品时，学生需要学会从不同的角度审视文本，发现其优点和不足。这种批判性的阅读方式可以转化为写作中对自己作品的批判性审视，从而不断提高写作质量。

为了有效地结合写作与阅读，教师可以采取多种教学策略。例如，设计基于阅读材料的写作任务，要求学生在作品中寻找灵感或模仿某种特定的写作风格。此外，通过组织阅读讨论和写作工作坊，教师可以引导学生深入分析文本，并将这些分析应用于自己的写作实践。

（二）写作与实践相结合

写作本质上是对思想和实际经验的表达，属于精神活动的一部分。根据唯物辩证法原理，物质基础影响精神层面，即人的意识和认识是由实际生活经验和实践活动形成的，而不是天生固有或凭空产生的。因此，实践活动是培养写作能力的根本源泉。只有在深刻理解现实生活的前提下，学生才能在脑海中形成对事物之间内在联系的理解，进而在写作中表现出系统性和条理性。缺乏实践基础的写作教学是无效的。在大学语文教学中，写作教学应与学生的实际生活经验和实践紧密结合。这种结合有双重含义：一是在实际生活中进行写作练习；二是为了实际生活需求进行写作。其核心是引导学生书写真实生活经历。真实的写作任务、真实的语境环境和具体的实际成果构成了写作实践的三大要素。通过这种方法，学生不仅可以提升自己的写作技能，还能更好地理解和表达自己的思想和感受，使写作成为他们认识世界和表达自我的有效工具。

大学语文写作教学与学生的日常实践活动紧密相连，主要通过三种方式进行融合：校园活动、语文综合学习项目和社会实践。在繁多的大学社团活动中，学生积极参与各类活动，如演讲、辩论、戏剧表演、活动策划和沟通协调等，这些活动都涉及书面或口头的表达。在这些校园活动中进行写作是一个真实、自发和愉悦的过程，这不仅有助于学生在真实的环境中实践语言表达，还促进了他们整体言语能力的发展。教师在这一过程中的角色是积极参与和支持学生的创意和实践。语文综合学习活动则更加注重学生在教师指导下自主选择研究主题，围绕主题进行材料搜集、分析整理、解决问题，并撰写研究论文或总结报告。这类活动是完整的综合性学习过程，涉及主题确定、材料收集、问题研究和成果展示等多个阶段，需要教师投入大量精力进行精心设计和有效组织。社会实践中的写作教学则主要体现在社会实践报告的撰写上。社会实践报告的编写对大学生的成长具有深远意义，能够帮助他们加深对社会的理解，培养他们的社会工作能力，磨炼个人意志和品格。此类写作练习不仅涵盖了观察、体验、思考、研究、表达等关键环节，还对个人的精神成长和语文能力发展具有重要影响。教师在指导社会实践报告的撰写过程中应全面介入，涵盖从实践活动记录到报告主题的确定、结构安排、材料筛选以及表达方式的选择等各个方面。教师的指导不在于细节处理，而在于培养学生的研究精神和能力，这是提高学生语言表达质量的核心。

（三）写作与专业相结合

在大学语文写作教学中，将写作与专业知识相结合的特征，强调了写作教学在课程体系中的应用性和专业性。这种教学特征认为写作不仅是语文学科的一部分，还是一个跨学科的活动，它应当与学生的专业学习紧密结合。

写作与专业知识相结合提倡用专业知识来丰富和指导写作内容。在这种教学模式下，教师鼓励学生将他们在专业课程中学到的知识和理论应用于写作实践中。例如，计算机应用专业学生撰写电子产品说明书，机电工程专业学生撰写工程招标书、投标书，市场营销专业学生撰写市场调研报告。这种跨学科的写作练习不仅提升了学生的写作技巧，还加深了他们对专业领域的理解和分析。写作与专业知识相结合强调了写作作为一种反思和研究工具的重要性。在这种教学框架下，写作成为学生探索、分析和解释专业知识的手段。通过写作，学生能够对所学知识进行深入思考，整合信息，构建自己的观点和论据。这种写作活动不仅是一个学习过程，还是一个成长过程。写作与专业相结合还鼓励学生在写作中采用创新和批判性思维。在这个过程中，教师鼓励学生挑战传统的观点，提出新的想法，或者对现有的理论进行重新解释。这种写作练习不仅促进了学生的创造性思维，还培养了他们的独立思考能力。

二、写作教学的任务

大学语文写作教学的任务是培养学生的综合写作能力，具体涵盖以下几个方面（如图 4-8 所示）。

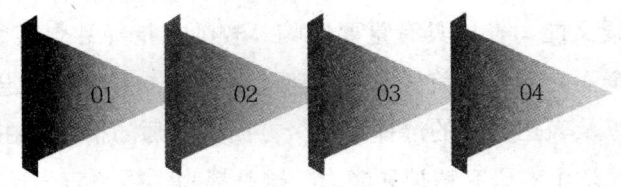

图 4-8 写作教学的任务

（一）提升学生的书面表达能力

提升书面表达能力有助于学生的全面发展，它不仅能够提升学生的语言运用能力，还能够加强他们的观察力和整体语文素养，对于学生综合能力的提升起到了不可替代的作用。书面表达能力要求学生在实践中不断提升自己的写作技巧。这种能力的提高对于完善学生的语言体系具有非常重要的作用，因为它不仅涉及语言知识的深入理解，还包括语言应用的能力。通过持续的写作练习，学生能够丰富自己的语言知识库，并能在此基础上进一步提高语言应用的技能。书面表达的起点在于观察。高质量的观察能力能够使学生更加深入地理解周围的世界，并从中获取写作灵感。观察不仅是收集信息的过程，还是一种深层次的思维活动，涉及对事物本质的理解和分析。因此，书面表达能力的提升，也会增强学生的观察能力，为他们在写作方面提供丰富的素材和灵感。书面表达能力的提升对学生整体语文素养的发展起到了关键作用。它不仅仅是语言表达的技能训练，更是观察、思考、分析和创造的整合过程。通过有效的书面表达训练，学生不仅能够提升自己的语言能力，还能够在思维深度和广度上得到显著提升，从而在更广泛的领域中发挥自己的潜能。

为了在语文写作教学中有效提升学生的书面表达能力，教师可采取以下几种策略：其一，强化基础训练。书面表达能力是对语文知识的综合运用，不仅需要丰富的知识积累和准确的语言应用，还要求书写清晰流畅。因此，基础训练意义重大。教师应引导学生在日常阅读中积累优秀的语句，鼓励他们在实际写作中灵活运用这些知识，从而逐步建立起书面表达的能力。其二，实施限时写作训练。语文写作练习包括审题和具体写作两个环节。在审题阶段，学生需要根据给定材料理解写作主题，并结合自己的知识体系形成初步的写作框架。在实际写作过程中，他们应通过运用各种语言技巧来表达自己的风格和情感。为了提高训练的效果，教师可以设置时间限制，促使学生在规定时间内完成写作任务，这不仅能够提升他们的写作能力，还能激发他们的创造潜力。其三，综合运用教学策略。在语文写作教学中，教师应充分认识到这类活动在增强学生书面表达能力方面的重要作用，并据此选择合适的教学方案和内容。通过多样化的教学方法，如模仿写作、素材引导、同伴互助等，教师可以帮助学生掌握有效的书面表达技巧，并在未来的学习和生活中发挥重要作用。

（二）提升学生的思辨能力

在大学教育阶段，提升学生的思辨能力对于他们的整体发展影响重大。思辨能力反映了个体的理性思维和理论素养，是深入分析和理解问题的核心能力。大学语文写作教学在培养学生思辨能力方面发挥着重要作用。通过写作练习，学生不仅能接触多样化的素材，还能够深入了解并评价社会热点问题。这种练习有助于他们从多个角度理解和分析信息，促进他们对客观事件的全面判断，有助于他们的心理健康发展和理性思维能力的提升。在教育过程中，强调学生思辨能力的提升和心理健康发展是至关重要的。这些目标不仅与学生的理性思维能力紧密相关，还决定了语文写作教学在促进学生思维能力提升和心理发展方面的重要作用。因此，教师在设计写作教学活动时，应注重如何更好地培养学生的批判性思维和逻辑分析能力，以实现学生全面发展的教育目标。

为了在大学语文写作教学中提升学生的思辨能力，教师应采取有效的教学策略来激发学生的积极性和创造力。第一，创造一个平等的对话教学环境势在必行。在这样的环境中，学生可以自由地分享自己的观点，并与同学和教师进行充分的交流和讨论。这样的对话式教学不仅尊重学生的思想，还鼓励他们形成独立的批判意识。通过这种互动，学生可以在安全和支持性的环境中提高自己的思辨能力。第二，教师应积极激发学生的写作兴趣，调动他们的思辨积极性。这意味着教师应当尊重学生的言语权，为他们提供充足的思考空间和时间。通过鼓励学生积极参与课堂讨论，提出问题，进行独立思考，可以帮助他们培养问题意识，从而提高思辨能力。在写作过程中，学生将运用收集的材料和掌握的知识，结合自己的见解，创作出具有个人风格的作品，这一过程不仅锻炼他们的写作技巧，还能提升他们的思辨能力。第三，教师应鼓励学生使用多种表达形式来阐述自己的观点。例如，通过组织演讲、辩论和新闻评论等活动，学生可以在准备和参与过程中锻炼自己的思辨和表达能力。这些活动不仅能提高学生的语文素养,还能丰富教学内容,有助于学生心理健康发展。在准备演讲或参与辩论的过程中,教师激励学生寻找新颖的角度和话题,进而在集体讨论中提升自己的思辨能力和反应速度。通过这些互动和实践活动,学生可以在探索和创新中进一步发展自己的思辨能力。

(三)培养学生的独立自主精神

在当今社会,培养大学生的独立自主精神显得尤为重要。独立自主精神不仅关系到个人的全面发展,还是适应社会发展需求的基本素质。在这个快速变化的时代,学生们必须具备独立思考和自主行动的能力,以便更好地应对未来生活和工作中的各种挑战。特别是在写作教学中,独立自主精神的培养显得尤为关键,因为写作本质上是一个自我表达和创造性思考的过程,需要学生具备独立思考和自主学习的能力。独立自主精神的培养有助于提升学生的创造力。在写作教学中,教师鼓励学生独立思考,探索自己的写作风格和表达方式,不仅能够提升他们的语言表达能力,还能够激发他们的创造性思维,使他们在写作中能够自主地选择话题,独立地组织材料,创造性地表达自己的思想和感情。独立自主精神的培养有助于增强学生的责任感和自我管理能力。在写作教学过程中,学生需要自主地安排学习时间,独立地完成写作任务,这不仅能提高他们的学习效率,还能培养他们的自我管理能力和自我约束能力。

为了有效培养大学生的独立自主精神,教师可以在写作教学中采取以下策略:其一,设计开放性写作任务。在写作教学中,教师应设计一些开放性的写作任务,鼓励学生根据自己的兴趣和经验选择写作主题,自主确定写作内容和形式。这种开放性的写作任务不仅能够激发学生的学习兴趣,还能够提升他们的自主学习能力。其二,创建支持性的学习环境。教师应创建一个支持性的学习环境,鼓励学生自由表达自己的观点和想法。在课堂上，教师可以通过小组讨论、同学评议等方式，促进学生之间的交流和合作，帮助他们在相互学习和启发中提升独立思考能力。其三，提供适度的指导和反馈。在写作教学中，教师应提供适度的指导和反馈，帮助学生明确写作目标，理解写作要求，指导他们如何有效地组织材料和表达思想。教师还应鼓励学生独立地进行修改和完善，提升他们的自我评价和自我改进能力。其四，引导学生进行自我反思。教师应引导学生进行自我反思，鼓励他们回顾自己的写作过程，思考自己的写作风格和表达方式，从中发现问题和不足，提出改进措施。这种自我反思的过程能够加深学生对写作的理解，提升他们的自主学习能力。

（四）培育学生实事求是的文风

培养学生实事求是的文风不仅是语文写作教学的一部分，还是对学生进行全面素质教育的重要内容。实事求是的文风不仅要求客观、准确地表达事实和观点，还要求对材料的严谨处理和对论述的深入思考。这种文风对学生的学术诚信培养具有重要意义。实事求是的文风要求学生在写作时坚持事实，避免主观臆断和夸大其词。教师应指导学生在选择写作材料时务必求证，确保信息的真实性和可靠性。这种习惯的培养有助于提高学生的信息筛选能力和分析能力，使他们能够在未来的学术研究和职业生涯中更加谨慎和负责。实事求是的文风还强调在写作中要有逻辑性和条理性。教师应教授学生如何逻辑清晰地组织材料，使文章结构严谨、论述合理。这不仅有助于增强文章的说服力，还有助于培养学生的逻辑思维能力。培育实事求是的文风鼓励学生在写作中表达自己的观点和见解，但同时要求他们提供充分的论据支撑自己的观点。这种训练有助于学生形成自己独立的思考方式，并在写作中学会如何合理地阐述和论证自己的观点。

为了有效地培育大学生实事求是的写作文风，教师可以采取以下几个措施：其一，加强信息素养教育。这是培养学生实事求是写作文风的基础。教师应引导学生学习如何在海量信息中筛选可靠、准确的资料。这包括教会学生如何识别不同信息源的可信度，如何从多个角度对同一问题进行考察，以及如何从批判性的角度分析和解读信息。通过案例研究、小组讨论等方法，教师可以帮助学生提升甄别和分析信息的能力。其二，开展批判性写作训练。批判性写作是培养学生实事求是文风的重要手段。教师应鼓励学生在写作中展示独立思考能力，同时要求他们为自己的论点提供充分的证据。这种训练可以通过写作工作坊、模拟研究报告、论文写作等形式进行。在这些活动中，学生可以深入探究问题，提出自己的观点，并用事实和数据支持这些观点。其三，教授写作技巧。清晰和有逻辑的文章组织能力对于培养实事求是的写作风格非常重要。教师应指导学生如何有效地组织文章结构，如何使用恰当的论据来支撑自己的论点，以及如何避免主观臆断和不实陈述。这可以通过课堂讲解、范文分析、写作练习等方式进行。教师可以举例说明一个论点如何被合理地论证以及如何避免常见的逻辑谬误。其四，强化论文写作规范。学术诚信是实事求是文风的重要组成部分。教师应强调论文写作的规范性，教授学生正确地引用和参考文献格式，以及杜绝剽窃和学术不端行为。这可以通过专门的学术写作课程、在线教程或工作坊来实现。教师可以提供具体的引用示例，讨论何时何地需要引用，以及如何在写作中保持学术诚信。

三、写作规律及学生心理特点

在大学语文写作教学中，正确理解和运用写作规律以及考虑学生的心理特点是两个关键的内容。

（一）写作规律

在大学语文写作教学中，深刻理解和应用写作规律对于学生的写作能力提升至关重要。大学语文写作规律主要体现在以下几个方面：

1. 思维与表达的统一

写作不是信息和材料的简单排列,而是深思熟虑后的创造性表达。学生需要在写作中展示对主题的深入理解,这要求他们不仅要收集和整合相关信息,还要对这些信息进行深入的分析和批判性思考。有效的写作是思考的产物,涉及将内部复杂思考转化为外部清晰的文字表述。这种转换要求学生不仅要掌握丰富的词汇和复杂的语法结构,还需要学会如何逻辑清晰、条理分明地组织文章。教师应引导学生思考如何用言语精准地表达自己的想法,使他们的写作不是语言的堆砌,而是思想和感情的真实流露。

2. 由浅入深的过程

写作技能的发展是逐步深入的过程。开始时,学生应专注于掌握基础的语法、词汇和句式。这为他们提供了构建更复杂语言结构的基础。随着学生能力的提升,他们可以逐渐学习构建更为复杂的论证、文章结构和独特的写作风格。教师应指导学生从简单的描述和叙述开始,逐步过渡到分析和评估,最终达到创造性和批判性写作的阶段。例如,学生可以先从写日记或简短故事开始,逐步学会写论文和研究报告。这个过程中,学生不仅在技巧上得到提升,更重要的是,他们会在思考的深度和广度上有显著进步。

3. 创意与规范的平衡

在写作教学中,培养学生在创意和规范之间找到平衡点是至关重要的。一方面,教师应鼓励学生在写作中展现个性和创造性,这能够提升他们的思维活力和写作乐趣。学生可以通过探索不同的主题、尝试独特的写作风格和形式,来表达自己的想法和感受。例如,教师可以鼓励学生进行自由写作,让他们自由地表达自己的观点和情感,同时引导他们学习如何在创意表达中融入逻辑思考和批判性分析。另一方面,学生也需要学会遵循写作的规范和标准,这包括正确的语法、标点、逻辑结构和论证方式。这既可以使他们的写作更加清晰和有说服力，又有助于提升他们的学术和专业写作能力。教师可以通过示例、批改和反馈，帮助学生理解和掌握这些规范。

4. 读者意识

写作不仅是自我表达的过程，还是与读者沟通的过程。教师应指导学生在写作时考虑他们的目标读者群体。这包括理解读者的背景、兴趣、阅读习惯和预期。例如，学生写作时应考虑文章是否能引起特定读者群的兴趣，语言和论据是否对他们来说容易理解和接受。教师可以通过案例研究、讨论和写作练习，帮助学生学会如何调整文章的内容、风格和语调，以适应不同的读者群体。学生还应学会从读者的角度审视和评估自己的写作，确保信息的传达是清晰和有效的。

5. 知行融会贯通

知行融会贯通的规律强调了学生在写作教学中将理论知识与实际写作相结合的重要性。学生应学会将理论知识与实际写作相结合，实现知与行的互动和融会贯通。这不仅涉及对已有优秀作品的学习和借鉴，还包括在此基础上加入自己的创造性思考和内容。通过这种方式，学生可以在吸收经典作品精华的同时培养自己的独立思考和创新能力。在写作教学中，教师应指导学生学习优秀作品的写作技巧和表达方式，同时鼓励学生在此基础上探索自己的写作风格。这种知行结合的方式能够帮助学生更好地理解和运用写作理论，促进他们的创新思维和写作技巧的发展。不断进行写作实践是学生提升写作能力的有效途径。通过实际的写作练习，学生能够将理论知识应用于实践，加深他们对写作规律的理解，同时检验和发展自己的写作技巧。在这个过程中，学生能够更好地理解知识与实践的关系，实现写作技能的持续提升。

（二）学生心理特点

在大学语文写作教学中，理解学生的心理特点，教师可以更有效地设计和实施写作教学策略，帮助学生在舒适和积极的环境中提升他们的写作能力。以下是一些关键的学生心理特点：

1. 独立性

在大学语文写作教学中，理解并发展学生的独立性心理特点需要引起足够重视。这种独立性不仅是他们个性的体现，还是其思维和创造力发展的关键。这一心理特点在写作教学中的体现主要包括独立选择写作主题、自主收集和处理信息以及表达个人观点和思想的能力。大学生在写作时表现出的独立性特点是他们成长过程中自主性和个性化的重要标志。这种独立性使他们在选择写作主题和素材时更倾向于按照个人的兴趣和理解进行，而不是完全依赖于教师的指导。这一趋势对于提高学生的创造性和投入度十分重要，同时也给教师的指导工作带来挑战。学生可能会在没有完全掌握写作技巧和规律的情况下偏离正确的写作方向，因此教师在教学设计时需要注意平衡学生的个人兴趣和有效的写作方法。为了适应学生的这种独立性，并将其转化为写作教学的优势，教师应采取以下策略：其一，教师需要引导学生明确写作的目的和方向，帮助他们理解如何在选择主题和素材时保持清晰的目标和方向；其二，鼓励学生在写作中展现自己的独特见解和风格，同时提供指导和反馈，以促进他们的创新思维；其三，教授学生如何有效地整合、运用已有知识和信息，并鼓励他们进行独立研究和探索；其四，教育学生批判性地分析收集到的信息和素材，形成基于事实和逻辑的合理观点；其五，帮助学生学会规划和组织他们的写作过程，从主题选择到资料收集，再到最终的文稿撰写；其六，提供不同类型的写作机会，如学术论文、创意写作、报告撰写等，以丰富学生的写作经验。

2. 求异性

大学生在写作中展现出强烈的求异心理特点，这体现在他们在选择写作主题、素材以及写作手法上寻求与众不同。这种心理特点源于他们对个性化表达的追求以及希望通过独特的视角和内容吸引读者。与此同时，大学生在写作中更加倾向于运用理性思维，力求在确保事实准确的基础上提高文章的质量。为了适应和尊重大学生的这种求异心理特点，写作教学应鼓励和引导学生发挥创造性思维。教师可以引导学生充分利用身边的生活资源，通过敏锐地观察获得丰富的写作素材。这样不仅能够让学生的文章更具个性化特点，还能激发读者的共鸣。因此，重视学生创造力的培养对于提升其写作水平至关重要。在写作教学中，教师应选择合适的教学方法，以满足学生对于文章独特性的追求，同时帮助他们有效地表达自己的观点和思想。

3. 理智性

大学生在写作实践中展现出的理智性心理特点是他们在写作过程中的一大亮点。这种理智性体现在他们对收集到的写作素材进行细致分析和合理运用上。他们在创作过程中遵循一定的写作原则，确保文章内容的严谨性和逻辑性，从而提高文章的借鉴和参考价值。为了进一步发挥和加强这一心理特点，语文写作教学中需要对学生的写作原则和流程进行系统的指导。教师应当教授学生如何在众多素材中筛选出最合适的内容以及如何有效运用这些内容来完成高质量的写作。此外，考虑到大学生的理智性特点，教师在教学内容的设计上应选择精练而深入的文章，鼓励学生学习并模仿其中的写作策略和技巧。通过这样的教学方式，可以帮助学生将理性思维充分融入他们的写作中，从而提升他们的写作能力，提高创作质量。

四、提高写作能力的根本途径

提高写作能力需要综合性的培养策略，具体包括以下几点（如图 4-9

所示）。

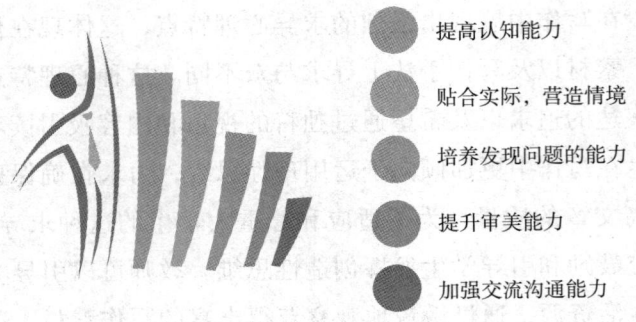

图 4-9 提高写作能力的根本途径

（一）提高认知能力

提高认知能力有助于学生在写作中展现更深层次的理解和分析能力，从而提高其写作水平。提高认知能力包括以下两点：

第一，提高学生的抽象及概括能力。抽象和概括能力是理性思维的核心，对提高写作质量具有直接影响。这些能力能够使学生在写作中深入挖掘主题、发现规律，并有效地表达复杂思想。在实际的写作教学中，教师可以通过多种方式激发和加强学生的这方面能力。例如，可以安排学生观看具有深刻内涵的电影或纪录片，并引导他们对其主要内容进行概括和分析。在这个过程中，学生不仅需要理解影片的表面内容，还需要挖掘其深层意义，并用精练的语言准确传达。通过这样的练习，学生的抽象和概括能力将得到显著提升。他们学会了如何在有限的文字中传达丰富的信息和深层思考，这不仅提高了他们的写作水平，还加深了他们对写作的认知。学生在写作中运用这些技能，能够有效地传达自己的观点，增强文章的吸引力和说服力。因此，提高学生的抽象和概括能力是提高学生认知能力进而提升其写作能力的主要途径之一。

第二，正确处理理解、实践及发展的关系是提升大学生写作能力的关键环节。这个过程涉及将理论知识和实践技能相结合，确保学生能够在理解的基础上有效地运用所学知识，并在此基础上不断发展和完善自己的写作技巧。在写作教学过程中，教师应该指导学生深入理解写作的基本原则和技巧。这包括对文章结构、语言风格、内容深度等方面的全面认识。理解是写作能力培养的起点，只有在充分理解写作要求和规则的基础上，学生才能在写作实践中有效地应用这些知识。实践是将理论转化为技能的关键。学生需要在实际的写作活动中运用所学的知识，这不仅是对理解的检验，还是能力发展的重要途径。通过写作练习，学生可以更好地掌握不同的写作风格和技巧，学会如何根据不同的写作目的选择合适的表达方式。此外，通过写作实践，学生可以深化对写作艺术的认识，提高自己的创作水平。发展则是理解和实践的深化，意味着学生不断提升自己的写作技能和创造力。在实践过程中，学生不仅能够巩固和加深对写作知识的理解，还能够发现新的写作方法和技巧，从而使自己的写作水平不断提升。教师应该鼓励学生在写作过程中进行自我反思，识别自己的强项和弱点，并在此基础上不断完善自己的写作技巧。

（二）贴合实际，营造情境

通过选择贴近学生实际生活的写作主题，并为学生营造适当的写作情境，可以有效地锻炼他们的写作表达能力。这样的教学方法不仅能够提高学生的写作技巧，还能激发他们的创造性思维，使他们能够在写作中更好地表达自己的观点和情感。

1.写作主题贴近学生实际生活

为了激发学生的写作热情并促进他们积极参与写作活动，教师应当选择与学生日常生活紧密相关的主题。这种实际联系不仅有助于学生积累写作素材，还能有效提高他们的写作兴趣。大学生通常已经具备一定的写作基础，因此，他们的写作培养应着重于增强理性思维、提高创新能力以及认知和表达能力。写作训练应围绕学生感兴趣的主题进行，如社会热点话题以引发学生的思考和讨论。例如，教师可以选择共享单车的报废问题作为讨论主题，鼓励学生从多个角度探索和讨论，进而丰富他们的思想和理论知识。在此基础上，学生可以运用已掌握的知识撰写文章，通过清晰的逻辑和有序的表达确保文章的质量和可信度。教师在指导学生写作时，应强调写作的实践性，鼓励学生将理论与实践相结合，通过持续的练习来提升他们的语言表达能力。此外，学生应在写作过程中不断审视和修改自己的作品，以确保文章的核心主题得到恰当和有效的表达。总之，通过这些贴近学生实际生活的练习，学生的写作水平将得到显著提高，他们将能够以更加清晰和有力的方式表达自己的观点和思想。

2. 营造适当的写作情境

为了达到最佳的写作教学成效，教师在写作课堂中应营造适当的教学氛围。这意味着利用具体且生动的描述来构建一个有助于激发学生情感和思维的环境，从而充分展现文章的情感深度并提高其整体质量。这样的教学环境可以增强学生对文章主题的感知力，并激发他们的创作灵感，使他们能在明确的文章主旨指导下，有效地运用语言技巧将其表达出来。例如，教师可以通过举办行业动态讨论、社会热点分析等活动组织写作教学，为教学主题营造相应的氛围，带领学生迅速融入课堂环境。在这样的氛围中，学生能更深入地理解文章的主题，并从多个视角提出自己的观点。

（三）培养发现问题的能力

为了有效提升学生的写作能力，教师需要重视培养学生发现问题的能力。这种能力是写作技能提升的重要一环，因为它不仅关系到学生对写作主题的深度理解，还涉及创新思维的培育。在写作教学过程中，教师应转变传统的教学思维，重视引导学生主动发现问题。例如，当探讨特定写作主题时，教师可以鼓励学生对教学内容提出疑问，通过课堂讨论深挖写作主题的多个层面，如不同的写作角度、不同的写作素材和创新的写作方法等。通过这种方法，学生在发现和解决问题的过程中自然而然地提升了自己的写作技能，同时也激发了他们对写作的兴趣。教师应有意识地在课程设计中融入发现问题能力的培养，通过实际的写作练习和讨论，帮助学生深化对写作主题的理解和把握。当学生能在写作过程中独立识别和解决问题时，他们的写作能力和思维深度都将得到显著提升。因此，培养学生发现问题的能力，不仅是提高他们写作技能的重要途径，还是培育其创造性思维的关键。

（四）提升审美能力

审美能力的提升不仅可以丰富学生的文学感受，还能促使其创作出更具吸引力和表现力的文章。

1.培养审美视角下的主题选择能力

文章的主题，作为写作过程中作者利用各种材料呈现的中心思想，不仅贯穿整篇文章，而且深刻反映了作者的意图和对事物的认识。主题选择不仅关乎文章的信息集中点，还直接影响文章的基调和情感。因此，为了提高学生的审美能力，教师应指导学生选择具有创新性和积极意义的主题，并在选材时注重培养学生对美的感知和认知。文章主题的选择本质上是作者将个人情感融入作品的过程，这一过程与审美能力紧密相关。因此，在选择主题的过程中，教师应以教材为基础，提供丰富的素材，从多个角度引导学生将文章中的情感融入写作实践中。为了激发学生与写作主题之间的情感共鸣，教学内容应与学生的心理发展水平相适应，确保学生能够深刻体验情感。在指导学生融入情感的过程中，教师应紧扣写作形象，并着重指导如何使这些形象触动学生的情感，从而进一步激发他们的写作热情。这种方法不仅能有效提升学生的审美能力，还能提升他们的写作技能。

2. 通过文章结构提高审美创造力

在提升文章结构布局的审美能力方面，重点在于优化文章的整体结构，确保其完整性和连贯性，从而达到提高文章整体审美价值的目标。文章结构的合理布局对于创作高质量作品起决定性的作用。从完整性的角度来看，文章的各个部分需要整合为一个统一的整体，遵循局部与整体相协调的原则，确保文章的各个部分之间存在深刻的联系。实现这一点的关键在于使文章的各个局部和整体共同表达一个主题，清晰地展现作者的思路。对于不同类型的文本，如抒情文、说明文、应用文等，其情感波动和写作格式都需要紧密结合，避免因为某个部分的问题而影响整篇文章的质量。例如，在教学中，教师应针对特定类型的文章，解析其前后文的连接方式，帮助学生形成对完整文章结构的认识，从而使文章更加协调和完整。从连贯性的角度出发，文章的连贯性不仅体现在结构上，还体现在文章的意念和表达形式上。文章的连贯性不应受到内容的影响，而应通过合理的逻辑思维，系统地表达文章涉及的材料和观点。以《故都的秋》为例，文章围绕对故都秋天的怀念这一主题展开，通过情感的表达，使得文章结构连贯，增强了文章的逻辑性。

3. 提升语言美感的表达技巧

语言一半是事物的代名词，一半是精神情感的代名词，它是事物同精神之间的一种媒介。[1] 在大学语文写作教学中，培养学生的语言美感及其表达技巧是至关重要的。提升语言美感的表达技巧不仅涉及学生的审美修养，还关系到他们的语感和措辞技能。第一，教师需要强化学生的审美修养。中国传统文化强调"文以载道"，强调文章的价值追求。文章的品质不仅取决于表达的"道"，还反映了作者的心灵境界和审美品位。因此，提升写作的审美品位要求学生超越功利、净化心灵，同时体验美文美语也是提升学生写作审美能力的重要途径。第二，要强化学生的语

---

[1] 王淑娟.谈教师的课堂教学语言[J].甘肃教育，2016（14）：25.

感和措辞技能。语感关系到语句的整体感觉和用词的恰当程度,而措辞技能则体现在写作时的语感能力。教师应重视培养学生的语感,因为在文学领域,语言的情感表达作用通常比其事物指示作用更重要。提升语感的方法包括多读多练、品味语言、理解字词的深层意义。例如,鼓励学生熟读经典文本,感受其中的意境和思想,同时体会文章的节奏和音韵之美。此外,通过观察日常生活和实践中的语言,学生能够增强自己的语感。第三,教师应引导学生关注生活中的语言实践,因为生活的丰富性和变化性为语言提供了无限的创新空间。生活中的语言最能反映时代文化的变迁,因此,大学语文写作教学中应重视语言的积累和实践。例如,鼓励学生将丰富的生活体验和语言技巧融入他们的写作中,从而创造出既具有时代感又充满个性的作品。

(五)加强交流沟通能力

在大学语文写作教学中,培养学生的交流和沟通技能是提高写作能力的关键。通过情境教学策略,即创建生动的教学环境并鼓励学生积极交流,将写作训练与实际交流情境相结合,这样可以有效提升他们的写作技巧。另外,还可以在大学语文写作教学中实施目标导向策略,其核心是让学生在基于交际语境的写作中设定明确的目标。这种策略强调写作是一种为了解决具体问题或达到特定目的的行为。在现代大学写作教学中,重视对学生交流和沟通能力的培养变得越来越重要,目的是在提升这些能力的基础上,促进学生的写作实践,使他们利用清晰的理性思维和已有的写作知识,构建完整的文章结构,同时注重文章细节的处理。学生的交流和沟通能力在很大程度上反映了他们的思维能力和交际技巧,这些能力直接影响写作的最终效果。因此,在写作教学中采用目标导向策略,可以有效促进学生多方面能力的综合提升。具体来说,教师可以通过明确写作目标来激励学生,帮助他们认识到写作的主要目的是有效交际。在此过程中,学生应深入理解写作的本质,并建立起强烈的交际意识，利用自身的交流和沟通技巧实现写作目标，发挥文章在信息传递上的作用。在设定教学方向时，教师应确保教学活动围绕社会交际进行，以满足学生提升交际能力的需求，这是目标导向策略在提升教学质量上发挥积极作用的体现。通过这种策略，学生不仅能提升自己的交流沟通能力，还能在此基础上提高整体的写作水平。

第四节　审美鉴赏教学

在当代多元文化的背景下，审美鉴赏教学不仅关乎文学知识的传授，还涉及对学生综合素质的塑造，使之成为具有独立思考能力和深厚文化底蕴的现代人。

一、艺术与文学作品的审美鉴赏

艺术与文学作品的审美鉴赏是一个多维度、深层次的过程。它不仅要求学生掌握文学理论知识，还需要他们具备丰富的情感体验。

（一）艺术语言的深入理解

文学作品的语言艺术是其生命力的源泉。它不仅仅是通信的工具，还是表达情感、描绘景象、构建世界的重要因素。在大学语文教学中，应当引导学生深入理解文学语言的多维特性，包括其象征性、暗示性和音乐性等。教师可以通过经典文学作品的案例分析，帮助学生认识到文学语言如何超越日常语言，传达更深层次的意义。

文学作品的语言艺术体现在对语言的创造性运用上。这种创造性不仅体现在新颖的比喻、生动的比拟或丰富的修辞手法上，还包括对词汇的独特选择和句式的巧妙构造。在教学中，教师可以让学生分析不同作家的风格特点。例如，探究海明威简洁有力的句式或莎士比亚的丰富修辞，以此来启发学生对语言运用的深刻理解。文学作品的语言艺术还在于它与情感的紧密结合。每一个字、每一个句子都承载着作者的情感。教师应引导学生学习如何通过语言的细腻处理来传达复杂的情绪和情感。例如，在分析诗歌时，可以讨论如何通过字词的选择和节奏的变化来增强诗歌的情感表达力。

文学语言不仅是文学创作的工具，还是一种文化的载体。在大学语文教学中，应当鼓励学生探索语言与文化的关系，理解不同文化背景下语言的特殊性。例如，分析中国古诗中的意象如何反映东方文化的精神，或者探讨西方文学作品中的对话和叙述如何体现西方社会的思想观念。文学语言的美学探索是审美鉴赏教学的重要组成部分。教师应帮助学生领会文学作品中语言的美感，如韵律之美、意象之美等。这不仅涉及文学作品的形式美，还涵盖了作品的内在美学价值。通过对美的语言进行鉴赏和分析，学生可以提升自己的文学审美能力和创作能力。

（二）结构美感的探索

在大学语文教学中，对文学作品结构美感的探索是至关重要的。学生应认识到作品的结构不仅仅是文字的排列顺序，还是作者传达其思想、展现其艺术风格的重要手段。一个清晰、合理的结构能使作品内容更加引人入胜，更易于理解和分析。

作品结构的安排直接影响情节的发展和故事的叙述方式。教师应指导学生深入分析不同文学作品中的结构特点，如线性叙述、倒叙、框架结构等，以及这些结构如何服务于情节的发展和主题的展现。例如，通过分析《百年孤独》中的循环结构，学生可以理解家族历史的重复与变革。在文学作品中，结构与主题密切相关。教师应教导学生探讨作品结构如何反映和加强作品的主题。例如，分析《了不起的盖茨比》中的叙述结构如何揭示美国梦的幻灭，或《红楼梦》中的多线结构如何展现复杂的人物关系和社会背景。文学作品的结构对读者的体验有着重要的影响。通过不同的结构安排，作品可以产生不同的阅读效果，如悬念、惊奇、深刻的思考等。在教学过程中，可以通过案例分析，让学生体验不同结构带来的阅读感受，如《悬崖》中的悬念结构如何增加读者的好奇心和紧张感。

鼓励学生对文学作品结构进行创造性地思考和探索，是提高其文学鉴赏能力的重要环节。教师应鼓励学生去发现和尝试新的叙述方式和结构安排，如通过创作练习，让学生尝试使用非线性叙述或多重视角来讲述一个故事，从而加深对结构美感的理解和应用。通过这样的练习，学生可以更好地理解作品结构的艺术价值，并在未来的创作中灵活运用。

（三）深层主题的挖掘

文学作品通常不是表面的叙述，而是包含了深层的主题和丰富的思想。在教学中，应强调文学作品的多层次性，鼓励学生超越文字的表面意义，深入探讨作者可能隐藏在文字背后的更深意图和信息。象征和隐喻是文学作品中常用的手法，用以间接表达复杂和深刻的主题。通过分析作品中的象征物、隐喻或比喻，学生可以更深入地理解作品的主题。例如，分析《老人与海》中海洋和鱼的象征意义，可以帮助学生理解作品中关于人类斗争和尊严的深层主题。深层主题的探究还包括将作品放入其创作的历史和文化背景中考量，理解作者的观点和时代背景如何影响作品的主题。例如，在分析《红楼梦》时，探讨清朝社会和家族制度如何影响作品的主题和人物塑造。培养学生对于深层主题的探究至关重要。教师应鼓励学生对文学作品进行独立思考，提出自己的见解，并与同伴交流看法，形成全面且深入的理解。通过集体讨论或写作分析，学生可以从不同角度探索作品的主题，深化对作品的理解。深层主题的探究不仅是理智的分析，也是情感的体验。教师应引导学生去感受作品中的情感波动，体会作者的情感投入，从而更深刻地理解作品的主题。例如，在分析《白鹿原》时，体会作品对乡土与人性的深刻描绘，理解作者如何通过故事和人物表达对历史和人性的深刻思考。

通过这些方法，教师可以帮助学生挖掘文学作品的深层主题，增进他们的文学理解和鉴赏能力，同时加强他们的思维深度和情感丰富度。

（四）作品的情感体验

在文学作品的学习和鉴赏中，情感体验扮演着核心角色。这不仅是对作品表层情节的理解，而且是深入作品的情感层面，体验和理解作者通过文字传递的情感。这种深层次的情感连接可以帮助学生更全面地理解文学作品的内涵。

教师应设计活动和讨论，引导学生进入作品的情感世界。例如，可以通过角色扮演、创作日记等方式，让学生置身于故事情境，体验人物的情感起伏，从而加深对作品的理解。通过这样的活动，学生可以更直观地感受作品中的喜怒哀乐，增强情感共鸣。将文学作品中的情感与现实世界联系起来，可以帮助学生深化对作品的情感体验。通过讨论作品情感与学生自身经历的相似之处，教师可以引导学生探索文学情感在现实生活中的反映和意义。

在多元文化背景下，探讨不同文化中的情感表达方式和主题，可以帮助学生扩展他们的情感体验和文化理解。例如，比较东西方文学作品中情感表达的异同，可以增加学生对不同文化情感表达方式的理解。在情感体验过程中，教师应鼓励学生运用批判性和创造性思维。学生不仅要感受作品中的情感，还要思考这些情感如何与作品的主题、结构、语言艺术等相互作用。例如，在分析一部悲剧时，探讨如何通过作品结构和语言选择来加深悲剧效果。

文学作品的情感体验对学生的个人成长和情感发展具有重要作用。通过与文学作品中人物的情感共鸣，学生可以更深刻地理解人性的复杂性和生活的多样性，从而丰富他们的情感世界和人文素养。

(五)文学作品的创造性解读

在文学教学中,创造性解读是推动学生深入理解文学作品的关键方法。这种解读方法鼓励学生突破传统的解读框架,运用自己的知识、经验和想象力,从多元视角探索文学作品。这不仅能增强学生的创新能力,还能让他们更深刻地领会文学作品的多层含义。

教师可以通过案例研究、小组讨论等方式,引导学生从不同文化、历史和社会背景下理解文学作品。例如,分析同一文学作品在不同时代和文化中的不同解读,或者探讨不同作者对相似主题的不同表达方式。创造性解读要求学生深入探究文学作品的结构、风格、语言艺术等层面。教师应指导学生分析作品的叙事技巧、象征手法、对话和人物塑造等,以及这些元素是如何通过共同作用来构建作品的整体意义的,鼓励学生将个人经历和情感融入文学解读中。学生可以联系自己的生活体验,对作品进行更加深入和个性化的解读,这样的过程不仅能增强他们对作品的情感共鸣,还能激发他们的创造力。将文学作品与其他学科领域相结合,如历史、哲学、艺术等,可以帮助学生从更广阔的角度解读文学作品。例如,探讨一部文学作品如何反映特定历史时期的社会状况,或者分析文学作品中蕴含的哲学思想。

二、跨文化艺术理解

在当今多元化和全球化的背景下,跨文化艺术理解成为大学语文教学的重要组成部分。通过对不同文化背景下艺术作品的深入学习和理解,学生能够开阔自己的审美视野,加深对文化多样性的认识,同时提升自己的跨文化沟通能力。

(一)不同文化背景下的艺术作品理解

跨文化艺术理解的核心在于让学生掌握并欣赏不同文化背景下艺术

作品的独特性和共通性。这要求学生不仅要理解每种文化的独特表达方式，还要认识到不同文化间的相似之处和相互影响。

西方文学常常以线性叙事和明确的时间顺序为特点，强调情节发展和角色转变。例如，学生可以研究荷马史诗的叙事结构，分析它如何通过连续的事件序列推动故事进展，以及这种叙事方式如何体现西方文化中对逻辑性和因果关系的重视。东方特别是东亚文学，如中国诗歌经常借助意象来传达情感和哲思。在这些作品中，自然景象不仅仅是背景，还是与人的内心世界紧密相连的象征。在教学中，教师可以引导学生探究如何通过对自然景观的描绘来表达复杂的人类情感。非洲文学重视口头传统和集体记忆，这种特征反映了非洲文化中对口述历史和集体故事的重视。学生可以学习非洲故事如何通过重复和节奏传达文化价值和社会教育。教师可以组织学生比较不同文化的文学作品，例如，比较西方悲剧与东方戏剧在主题和表现手法上的差异，或者分析不同文化对英雄人物的描写方式。通过这样的比较，学生可以更好地理解文化多样性对艺术创作的影响。

虽然不同文化的艺术形式各有其特点，但也存在一些共通的主题和表达方式。学生可以探讨不同文化如何以相似的方式表达诸如爱情、死亡、战争等主题。通过这种跨文化艺术教育，学生不仅能增进对不同文化艺术的理解和欣赏，还能培养他们在全球化背景下的跨文化交流能力和多元包容的思维方式。

（二）外国文学和艺术的鉴赏

在外国文学和艺术鉴赏教学中，学生被引导去深入理解作品的文化背景和艺术价值以及它们是如何相互影响的。这不仅涉及对作品内容的分析，还包括对作者的生平、创作背景和社会历史环境的探讨。例如，在研究莎士比亚的作品时，可以引导学生探讨这些戏剧如何反映文艺复兴时期的英国社会和文化。再如，分析《哈姆雷特》中的复仇主题如何体现了当时的社会道德观和人性的探索。通过研究凡·高的画作，学生可以理解艺术家是如何将个人情感和经历融入作品中的。例如，探讨《星夜》背后的心理状态和凡·高对自然美的深刻感悟。村上春树的小说融合了现代日本文化和西方文化元素。在教学中，教师可以指导学生分析如何通过村上春树的作品来理解日本现代社会的矛盾和个人身份的探索。

深入了解作品的历史背景对于全面理解作品不可或缺。教师可以引导学生探讨作品是如何在特定的历史和社会背景下创作的以及这些背景如何影响作品的主题和风格。了解作者的生平和他们创作的动机可以帮助学生更深入地理解作品。例如，研究海明威的生平，理解其作品中的战争和冒险主题是如何源于他的亲身经历。通过这样的教学方法，学生不仅能更好地理解外国文学和艺术作品，还能培养他们的跨文化交际能力，帮助他们在全球化的世界中更好地理解和欣赏不同文化。

（三）培养跨文化理解力和审美视野

在全球化的文化环境中，跨文化理解力和审美视野的培养对于学生来说非常重要。这一教学目标的实现不仅要求学生能够欣赏和理解不同文化的艺术作品，还要求他们能够在此基础上形成自己的见解和评价。

教师可以通过组织学生参观跨文化艺术展览，让学生直接接触和体验来自不同文化的艺术作品。这样的实际体验有助于学生理解作品的文化背景和艺术表达，同时激发他们的好奇心和探索精神。带领学生参加文化交流研讨会，学生可以与来自不同文化背景的人交流，分享彼此对艺术作品的理解和感受。这样的交流有助于打破文化隔阂，促进相互理解和尊重。在课程设计中融入多元文化的元素，比如研究不同文化的文学作品、音乐、绘画等，通过比较分析，学生可以更深入地理解不同文化的特点和共性以及它们在艺术表达中的体现。鼓励学生参与跨文化艺术创作，如写作、绘画、表演等，以实践方式理解和表达不同文化。这样的创作活动可以增强学生的跨文化沟通能力，同时提高他们的创造力。

在学习和鉴赏不同文化艺术作品的过程中,教师应引导学生发展批判性思维,鼓励他们对作品提出自己的看法,并能够支撑自己的观点。

(四)跨文化艺术批评的应用

跨文化艺术批评的应用是教学中不可或缺的一环,它要求学生深入理解作品的内涵,进行全面和批判性的分析。这种能力的培养对于学生理解不同文化的艺术表达和思想具有重要意义。

教师应引导学生探讨艺术作品的主题。通过对主题的深入分析,学生可以理解作品所要传达的核心信息和深层意义。例如,分析一部小说如何通过其情节和人物来探讨某个社会问题或表达特定的文化观点。学生应学会识别并评价艺术作品的风格和技巧。这包括分析艺术家的创作手法、使用的色彩、形式的安排等。例如,在绘画作品中,学生可以分析画家如何通过色彩和线条来构建画面和表达情感。学生还应学会将艺术作品放置于其文化背景中进行分析。了解作品产生的历史背景、社会环境以及艺术家的个人经历,可以帮助学生更全面地理解作品。在教学中,教师可以采用案例分析和批评作业的方式,引导学生将理论应用于实践。通过分析具体的艺术作品,学生可以练习如何将批评理论应用于实际的艺术作品分析中。在进行跨文化艺术批评时,教师还要鼓励学生发挥批判性思维。教师可以设置讨论环节,让学生就某一艺术作品或艺术流派提出自己的观点,并与同学进行讨论,从而加深对作品的理解和批判性分析。

三、文艺评论与批评

文艺评论与批评的教学不仅有助于学生提高文艺理解和批评的能力,还能够培养他们的创造性表达能力。通过对文艺作品的深入分析和批评,学生能够更深刻地理解人类文化和社会,拓宽自己的视野,同时也能够更好地欣赏和理解艺术的价值。

（一）文艺作品的分析方法

文艺作品的分析旨在培养学生的综合理解能力，不局限于作品内容的表层分析，还包括对其深层意义、结构、风格和情感的全面探究。这种全面的分析能力对学生的文学修养具有重大影响。

当学生学习分析文艺作品时，他们首先需要把握作品的基本元素，比如主题、情节、角色和背景。这不仅是对作品结构的基本理解，还是对其整体意义的初步探索。例如，通过分析小说中的人物动机和行为，学生可以揭示其深层心理和社会关系，从而更深刻地理解作品的主题。除此之外，文艺作品的叙事结构和语言风格也是分析的重点。不同的叙事技巧和语言使用可以在很大程度上影响作品的氛围和情感表达。学生在分析时，应注意如何通过故事的叙述视角、时间和空间的处理以及语言的选择来构建特定的氛围和情感。在诗歌分析中，对韵律、意象的关注可以帮助学生理解诗歌如何传达复杂而深刻的情感和思想。对象征和隐喻的理解也是文艺作品分析中不可或缺的部分。这种深层次的解读能帮助学生发现作品中隐藏的意义和更广泛的文化和社会背景。这种深入的探索不仅提升了学生对文艺作品的理解，还培养了他们的批判性思维，使他们能够从不同角度理解和评价文艺作品。

（二）批评理论的应用

对文艺批评理论的应用是大学语文教学中不可忽视的一部分。通过这些理论的学习和实践，学生不仅能够更深刻地理解文艺作品，还能够培养独立的分析能力，为他们的文学修养和学术探索打下坚实的基础。

理解不同文艺批评理论的基本观点至关重要。例如，马克思主义文学批评强调文学作品与社会结构和历史背景的关系；女性主义批评着重于探讨文学中的性别问题，分析女性角色的表现和作品中的性别政治；结构主义批评则侧重于作品内部的结构和符号系统的分析。这些理论为文学作品的深层分析提供了框架和工具。将这些理论应用到具体的文艺作品批评中是一项关键的技能。例如，学生可以使用女性主义批评的视角分析经典小说中的女性形象，探讨这些形象如何反映或挑战传统的性别角色。或者，他们可以运用结构主义的方法来解析诗歌的象征和隐喻，从而深入理解诗歌的主题和情感。在教学过程中，教师可以通过案例研究、小组讨论和写作作业等方式，鼓励学生实践不同的批评方法。这样既能提高他们的文学理解能力，又能促进他们独立思考和创新的能力。

（三）文学批评实践

文学批评实践是大学语文教学中的一个重要环节，它不仅促进学生深入理解文学作品，还培养了他们的独立思考和批判性分析能力。通过个性化的批评和评价，学生可以超越简单的作品解读，深入作品的多层次解析中。这种教学方法鼓励学生发展自己的观点，学习如何对文学作品进行深入批评和分析。在实践中，教师可以组织各种活动，如批评写作研讨会，以增强学生的实际操作能力。这些活动不仅提供了一个平台，让学生自由表达自己的观点，还鼓励他们进行批判性思考，学习如何构建有效的论点，并能够接受、回应来自同伴和教师的反馈。这些互动性强的活动帮助学生提升了文学作品的分析和批评技巧，同时也增强了他们的沟通能力和团队合作精神。这样的教学模式促进了学生综合素质的全面发展，使他们不仅能够在学术上取得进步，还能够在社交和职业技能上有所提升。

（四）文艺作品的深层意义探索

在文艺作品的深层意义探索中，重点是引导学生超越文本的文字层面，深入理解作品背后的丰富内涵。这种深度分析不仅涉及作品的直接内容，还包括对作者创作背景、时代环境、社会文化等方面的理解。例如，在分析一部历史小说时，教师应引导学生既要关注故事情节，又要深入探究作品所反映的历史时期、社会矛盾和文化背景。这样的分析可以揭示作品中隐含的社会批判、文化价值观或历史观点。同样，在评价一部现代艺术作品时，学生可以探讨艺术家的个人经历、创作动机以及作品对现代社会的反映和批判。这种深层次的分析和理解既能帮助学生欣赏作品的表面美，又能使其理解作品的深远意义和社会影响。它促使学生学会从多个角度和层次理解和评价文艺作品，提升他们的文学素养和批判性分析能力。通过这样的教学方法，学生能够发现文艺作品中的隐藏主题，理解不同文化和历史背景下的人类经验，从而丰富他们的知识储备和人文理解。

四、审美能力的培养与提升

审美能力的培养与提升是大学语文教学中的一个重要环节，它涉及学生对美的感知、理解、判断以及创造。这一能力的提升不仅关乎艺术和文学领域，还广泛影响着学生的思维方式、文化认知和生活态度。在当今多元化和全球化的背景下，审美能力的培养变得十分重要。

（一）美学价值的理解

在审美能力的培养与提升中，美学价值的理解是一个核心部分。这不仅涉及对传统艺术形式的欣赏，还包括对现代艺术作品及日常生活中的美的深层次理解和反思。在教学中，教师应鼓励学生去探索不同艺术作品背后的美学原则和价值观，从而形成更为全面和深刻的美学认知。美学价值的理解首先需要学生认识到美不仅存在于古典艺术作品中，如油画、雕塑、古典音乐等，而且也体现在现代艺术、电影、摄影甚至是日常生活中的设计和自然景观中。教师可以通过引导学生分析各种艺术形式，如抽象艺术、现代雕塑、街头艺术等，让学生理解美的多样性和普遍性。对文学作品的深层次解读也是美学价值理解的重要组成部分。这不仅包括对文学作品的表面故事情节和语言技巧的分析,还包括深入探究作品背后的主题、作者的创作意图以及作品反映的社会文化背景。例如,通过分析不同历史时期的文学作品,学生可以了解特定时代的社会矛盾、文化特征和人类情感。教师可以组织活动,如文学讨论会、作品解析分享等,以促进学生从多个角度对文学作品进行深入分析和理解。

(二)审美判断力的提升

审美判断力的提升在当今教育中占据了重要位置,这一能力的培养要求学生能够进行深入分析、评价,并表达自己的见解。

批判性思维的培养是提升审美判断力的关键。这意味着学生需要学会对艺术作品的欣赏不是只停留在表面层面,而是要深入作品的内涵,理解其背后的意义和价值。这可以通过对不同类型和文化背景下的艺术作品进行比较分析来实现,教师可以指导学生探讨作品的主题、风格、技巧等,并比较它们如何在不同文化中呈现。例如,比较西方现代艺术与东方传统艺术在表现手法和主题上的差异,帮助学生形成全面的视角和深刻的理解。跨文化视野的拓展对于审美判断力的提升至关重要。在全球化时代,理解和欣赏不同文化背景下的艺术作品变得尤为重要。这不仅有助于提升学生的审美能力,还有助于加深他们对不同文化的理解和敏感性,进而提高适应多元文化环境的能力。学校可以通过组织国际艺术节、跨文化艺术研讨会等活动,让学生接触和欣赏来自世界各地的艺术作品,激发他们的好奇心和探索欲。

(三)审美能力与创造性思维的结合

审美能力的培养与创造性思维的结合是一种全面而深入的教育方法。它不仅仅是关于艺术技能的教学,还是关于如何理解和创造美的教育。通过艺术实践的参与、个性化的审美体验以及跨文化艺术理解的学习,学生能够在理解、体验和创造美的过程中,发展自己的创新思维和个性化表达能力，为未来的职业生涯和个人发展奠定坚实的基础。

艺术实践的重要性在于其能够直接提供审美体验和创造的机会。通过文学创作、艺术设计等活动，学生能够亲身体验从构思到创作的整个过程，这不仅是审美能力培养的实践场所，还是创造性思维的试验田。例如，在进行诗歌创作时，学生需要选择合适的词语、调整句式结构、创造韵律美感，这一过程中他们不仅学习了诗歌的基本元素，还体验了创造性表达的乐趣。审美体验的个性化强调了每位学生对美的独特理解和感受。在教学中，教师应鼓励学生深入探索并表达自己对美的理解。例如，教师可以设立课堂讨论环节，让学生分享他们对某部文学作品的感受，探讨从中获得的独特理解和情感体验。这种个性化的体验不仅丰富了学生的内心世界，也促进了他们批判性和创造性思维的发展。尊重和理解他人的审美体验对于培养学生的同理心和跨文化交流能力同样重要。在全球化背景下，理解和欣赏不同文化背景的艺术作品对学生来说是一种必要的能力。这不仅可以拓宽他们的审美视野，还能增强他们对不同文化的理解和适应能力。通过比较分析不同文化背景下的艺术作品，学生可以学习如何从多元文化的角度审视和评价艺术作品，从而培养他们的跨文化审美能力。

创新赋能篇

第五章　大学语文教学内容的创新

第一节　古今融合：对古典文献的现代解读

古典文献在大学语文教学中拥有不可替代的地位。它不仅是文学和历史的宝贵遗产，还是理解中华文化深层价值的关键。它不只是历史的见证，更是文化传承和民族认同的重要载体。通过现代解读方式，古典文献被赋予新的生命和意义，使得古代的思想与现今的社会环境产生了有趣的对话。这样的学术追求加深了人们对文化的认识和理解。

一、古典文献在大学语文教学中的地位

在大学语文教学中，古典文献的地位不仅是基于它们的历史和文学价值，更是因为它们在文化传承、思维培养和跨学科教学中起着重要作用。

古典文献作为中华文化的核心组成部分，是传递和理解中国传统文化、历史和价值观的重要载体。其不仅包含古代社会的生活方式、思想观念和文化习俗，还反映了历史发展的脉络，为大学生构建文化身份和培养历史意识提供了重要资源。在大学语文教学中，古典文献被当作连接过去和现在的媒介，帮助学生理解历史的连续性和变迁。通过学习古

典文献，学生可以更全面地认识历史事件和人物。古典文献在语言教学中也占有重要地位。其展示了汉语的演变过程和丰富性，为学生掌握古代汉语和进行文学表达提供了很好的学习材料。通过研读古典文献，学生能够提高文学欣赏能力，加深对语言表达的理解。解读古典文献需要深入地思考和分析，这对培养学生的批判性思维、逻辑推理能力和创造力大有裨益。古典文学作品中的寓意、象征和哲理挑战着学生的理解能力和解读能力。在大学语文教学中，古典文献常被当作跨学科教学的资源。其与历史、哲学、艺术等学科相结合，形成了丰富的教育内容，提供了全面理解和分析复杂概念的平台。利用现代教学方法，如案例研究、小组讨论等，可以有效地提升古典文献的教学质量。这些方法促使学生主动探索、思考和解释古典文献，从而更深入地理解其内容和意义。

数字技术的应用使古典文献教学更加生动和有效。通过多媒体、在线数据库和交互式学习平台，学生可以更直观、便捷地接触和研究古典文献。在快速变化的现代社会，古典文献仍然具有重要的价值，其不仅是对过去的回顾，更是对现代问题的深刻反思。通过学习古典文献，学生可以更好地理解和珍视中华文化的核心价值。古典文献教学不仅丰富了学生的学习体验，还加深了他们对中华文化的认同和理解。通过对古典文献的深入学习和现代解读，学生可以在理解传统的同时，培养适应现代社会的综合素质和能力。

二、古典文献现代解读的意义

古典文献的现代解读不仅是一种新的理解方式，还提升了古典文献在现代教育和文化中的重要性。这种解读方法通过连接传统与现代、促进文化多样性理解和拓展思维方式，为学生提供了深刻理解古典文献的新视角。

在大学语文教学中，古典文献的现代解读方法为学生提供了一个独特的视角，即将古代的思想、故事和文化与当代的社会、生活和个人经验相连接。这种连接远远超出了文学层面的解读，深入文化、社会和哲学等多个维度。古典文献作为文化遗产的重要组成部分，其现代解读是可以帮助学生理解古典文献在当代的意义。例如，古代的诗歌、故事和哲学著作在今天仍具有深远的影响，能够启发学生对现代社会的诸多方面进行深思，如人与自然的关系、社会正义和伦理道德等。古典文献中的人物、事件和思想为学生提供了一个了解历史并将其与现实生活联系起来的窗口。通过对这些文献的现代解读，学生能够发现历史与当代之间的连续性和相似性，理解过去的事件如何塑造了今天的世界。现代解读还鼓励学生对传统价值观进行反思。古典文献中的道德观念和社会规范在当代社会中可能需要重新审视。学生通过这种解读，可以更加全面地理解传统价值观的影响，并对其在现代社会中的适用性进行思考。

古典文献的现代解读对促进文化多样性的认识具有较大价值。它不仅增强了学生对不同文化的理解和尊重，还为他们在多元化世界中的有效交流和合作提供了必要的工具和技能。现代解读方法使学生可以通过古典文献深入了解并欣赏不同文化的独特性。例如，通过学习中国古典文学，学生不仅能理解文学作品本身，还能洞悉中华文化的核心价值和历史背景。同样，研究其他国家的古典文献，如希腊史诗或印度古典文学，也能加深学生对这些文化的理解。在现代社会，文化交流日益频繁，理解多元文化变得十分必要。通过古典文献的现代解读，学生不仅能学会欣赏不同文化的美，还能在当今的世界有效地与人沟通和交流。这种跨文化的理解和沟通能力是今天人们应具有的重要技能。现代解读强调在欣赏本国文化的同时，还要尊重和包容其他文化。通过深入学习和理解各国的古典文献，学生学会了如何欣赏不同文化中独特的表达方式和思想观念，从而培养了多元思维视角。通过对古典文献的现代解读，学生不仅学习了文学作品，还开阔了视野。了解并欣赏不同国家的文学作品，有助于学生形成更加开放和包容的全球视野，这对于他们在经济全球化世界中的个人和职业发展起着决定性作用。

三、古典文献现代解读的方法

在大学语文教学中，古典文献的现代解读方法体现了教育的深度和广度，结合了传统教育理念和现代教育技术，为学生提供了一个全新的学习体验。这种方法不是对古代文本的简单重读，而是一种深入的、批判性的、多维度的探讨，旨在挖掘古典文献在当代语境下的新意义。

现代解读方法强调跨学科研究，将文学、历史、哲学、艺术等多个学科的视角融入对古典文献的解读中。这种跨学科的方法使古典文献的解读更加全面和深入，能够展现古典文献在不同学科背景下的复杂性和多重意义。例如，通过历史学视角，可以探讨古典文献中的历史背景、社会结构和政治动态；通过哲学视角，可以分析古典文献中的思想观念、伦理道德和人生哲理；通过艺术学视角，可以欣赏古典文献中的艺术风格、修辞技巧和美学价值。这种多元化的解读方法不仅加深了学生对古典文献的认识，也增强了他们对不同学科知识的理解能力。

现代解读方法强调培养学生的独立思考能力。在解读古典文献时，学生被鼓励质疑传统的解读，探索古典文献中可能被忽视或未被充分探讨的视角和概念。学生不仅要学会接受和理解古典文献的传统解读，还要学会对这些解读提出疑问，寻找新的解释。这种批判性的学习方法有助于学生形成自己对文献的独立见解，培养他们的思考、分析和创新能力。现代解读方法还利用了数字化技术和多媒体工具，使古典文献的研究和教学更加便捷和高效。数字化图书馆和在线数据库为学生提供了大量的古典文献和相关研究资料，可以使他们轻松地访问和研究这些文献。多媒体展示和虚拟现实技术使得古典文献的教学更加生动和直观，增强了学生的学习兴趣。这些现代技术的应用不仅提高了教学效果，也为学生提供了多样化的学习方式。

四、古今文献融合对学生思维的影响

古今文献融合在大学语文教学中对学生思维方式的影响是多方面的（如图 5-1 所示）。它不仅提高了学生对文学作品的深入理解，还促进了他们批判性思维和创造性思维的发展。此外，这种融合还增强了学生的跨学科学习能力和对历史、文化的理解，提高了他们的分析思维能力。

图 5-1　古今文献融合对学生思维的影响

（一）历史与文化的深入理解

古今文献融合在大学语文教学中对学生理解历史与文化产生了重大影响。这种融合超越了单纯的文学分析，将文献置于更广阔的历史和文化背景下，使学生更深入地欣赏和理解文献。通过这种方法，学生不仅能够理解古典文献的直接含义，还能够洞悉古典文献背后的社会环境、文化传统和历史变迁。在这一教学过程中，学生应探索古典文献的历史根源和文化背景，学习如何将古典文献中的思想、故事和情感与现代的社会情境和文化理解相联系。这不但增强了学生对文学作品的直观理解，还提升了学生对文化传承和历史演变的认识。

（二）批判性思维的培养

古今文献融合的学习方法在大学语文教学中极大地促进了学生批判性思维的发展。这种方法不限于对文学作品的基础理解，更重要的是鼓励学生超越传统的文学分析，探索更深层次的意义。通过这种学习方法，学生可以对传统的文学解读提出疑问，挑战既定的观念。在分析古典文献时，学生需要考虑古典文献的历史背景、作者的社会地位以及当时的文化环境等多个方面。这种全面的分析能够让学生从不同视角审视同一部作品，促使他们形成多维度的理解能力。

批判性思维的培养不限于理解文学作品本身的内容，还包括对作品文化、历史背景的批判性分析。例如，学生可能会探讨古典作品中的性别角色、阶级差异或者政治内涵，并将这些元素与现代社会的相应概念进行比较。这种深度的批判性分析可以使学生更全面地理解作品，并在此基础上形成自己的见解。这种方法还鼓励学生对作者的意图和文学作品的社会影响进行批判性思考。学生被引导去思考作家的创作动机、文学作品在其时代的接受度以及作品对后世的影响。这种对作品的深入思考和分析培养了学生的独立思考能力，使他们在面对任何文学作品时都能保持批判性思维。

（三）创造性思维和综合性思维的发展

古今文献融合的学习方法可以激发学生的创造性思维和综合性思维，加深他们对古典文献的理解，提升他们的个人表达能力和艺术创作能力。这种教学方法能够使学生在深入理解传统文学的同时，成为具有创新能力和多元化思维的现代人。

现代解读方法主张学生在深入理解古典作品的基础上，发挥自己的想象力和创造性。学生可以将古代作品的主题、人物或情节与现代社会的现象、问题或个人经验结合起来，创作出新的作品。这种创作不限于文字创作，还可以是艺术作品、戏剧表演或数字媒体项目。这种创造性思维的培养使学生能够跨越时空界限，将古典文献与当代生活相融合，创作出具有时代意义和个人特色的新作品。古今文献的融合还要求学生运用综合性思维来分析和创作。学生不仅需要理解文献的文学价值，还要考虑其蕴含的文化和创作背景。在创作过程中，学生需要将这些不同的元素综合考虑，从而创作出深刻且多层次的作品。这种综合性思维的发展对学生其他学科的学习和未来发展具有重要意义。这种教学方法还强调个人表达和艺术创作的重要性。通过创作新的作品或对古典作品的现代解读，学生可以表达自己对于文献、社会和生活的理解和感受。这不仅是一种学术活动，更是一种个人和艺术上的自我表达和探索。

（四）跨学科学习能力的加强

跨学科学习能力的加强是古今文献融合在大学语文教学中应用的一个重要成果。古今文献的融合使学生在学习文学作品时，不仅关注作品本身的艺术和文学价值，还考虑作品反映的历史、社会、文化和哲学等方面的内容。这要求学生不仅对文学有所了解，还要具备一定的历史知识、社会学理论和哲学思想。例如，学习一部古典小说时，学生不仅要分析其文学技巧和艺术特色，还要探讨其历史背景、社会影响以及所蕴含的哲学和道德问题。

五、古典文学作品的现代改编与再创造

古典文学作品的现代改编与再创造在大学语文课程中占据重要地位。对其探索不仅是对古典作品的一种艺术性重塑，也是对历史和文化传统的现代诠释。这种改编和创造的过程涉及多种艺术形式和媒介，可以使古典文学在现代社会中焕发新的生机。

（一）改编的现代化

改编的现代化首先要注重对古典文学作品形式的创新。通过电影、电视剧、网络系列剧、舞台剧等现代艺术形式的运用，古典文学作品被重新诠释和呈现。这种形式上的转变不仅使经典文学更易被当代观众接受和理解，还为这些作品注入了新的生命力。例如，将四大名著改编为电视连续剧，不仅保持了原作的叙事魅力，还加入了现代视觉效果和叙事技巧，使其更加吸引观众。其次，要注重内容创新。改编者不是简单复制原著，而是将古典文学作品置于当代社会和文化的背景下进行再创造。这包括对人物、情节、主题等方面的重新解读，使古典作品在现代社会中发挥新的教育意义。例如，通过现代视角解读《红楼梦》中的人物关系和社会背景，可以帮助学生更深入地探讨作品中的人性。最后，要加强跨文化元素的融合。在经济全球化背景下，古典文学作品的现代改编往往包括多元文化的元素，这不仅丰富了作品的表现形式，还促进了不同文化之间的交流和理解。例如，将中国古典诗词与西方音乐元素结合，创造出既有东方美学韵味又具有现代音乐特色的作品。

（二）创造性地再诠释

在大学语文教学内容的创新中，古典文学作品的创造性再诠释扮演了重要角色。这种再诠释不仅是对原作的一个现代视角的添加，还是一种文化和社会意义上的深入探索。通过这种方式，古典文学作品在现代社会和文化中获得了新的生命和解读。

现代改编通常会从当今社会的视角重新理解古典文学作品的主题。例如，对于经典爱情故事的改编，可能会加入现代恋爱观念和性别平等的元素。这种改编不仅保持了原作的情感内核，也使其更符合现代观众的价值观和期待。古典文学作品中的人物在现代改编中往往被赋予新的特质和背景。这样的改变使这些人物更加符合现代观众的认知，也为探讨新的社会议题提供了可能。例如，将古典文学中的英雄形象改编为现代都市背景下的角色，探讨现代社会中的英雄主义。

古典文学作品的情节在现代改编中可能会有显著变化。通过对情节的现代转换，故事可能更贴近现代生活，而且人们可以探讨原作中未曾深入的主题。例如，将古典文学中的战争情节改编为现代政治冲突，从而在新的社会和政治背景下解读传统故事。现代改编还涉及对原作文化和政治意义的重新探讨。通过这种探讨，古典作品被置于当代的文化和政治环境中，从而产生新的社会评论和文化批判。这种改编不仅丰富了原作的解读，也激发了公众对当代重要议题的关注和讨论。通过创造性的再诠释，古典文学作品在当代获得了新的意义和价值。这种改编不仅是文学创作的一种形式，也是一种文化和教育上的重要实践。它使古典文学不是停留在过去，而是活跃在当代社会和文化的讨论之中。

（三）文化和历史的连接

在大学语文教学内容的创新中，古典文学作品的现代改编和再创造起到了连接文化和历史的重要作用。这种改编不仅使得古典作品更具现实意义和吸引力，还为当代观众提供了欣赏和理解古代文化和艺术的新途径。

通过现代艺术形式对古典文学作品的改编，历史上的故事和人物在当代得以重新呈现。这种呈现不限于文学本身，也包括音乐、舞蹈、视觉艺术等多种形式，使古典故事在现代社会中焕发新的生机。例如，将古代诗词改编成现代音乐作品，可以让观众在新的感官体验中理解古代诗人的情感和思想。现代改编作为文化传承的桥梁，可以帮助现代观众理解和欣赏古代的文化和艺术。这种改编不仅是对原作的重新解释，也是对古代文化的一种现代表达。通过这种方式，古典文学作品中蕴含的文化价值和历史意义得以在现代社会中继续传承和发展。现代改编通常会将古典文学作品与当代观众的生活经验和社会现象相联系。这种联系使古典文学作品不仅是对过去的回顾，更是对现代生活的一种反思和评论。例如，将古代的爱情故事改编为现代电影，不仅展示了古代的情感故事，也体现了现代社会对爱情的看法。现代改编还有助于增强观众的历史和文化意识。通过对古典作品的现代解读，观众可以更深入地理解历史事件和人物，从而形成对历史发展和文化变迁的深刻认识。

第二节　跨界交融：跨文化与跨学科的融合

本节深入探索如何结合不同文化背景和学科知识来丰富和深化大学语文教学。它旨在展示如何利用这种综合性教学方法来培养学生的全球视野、创新能力，同时强调当代教育背景下跨界教学的价值和应用策略。

一、跨文化教学在大学语文教学中的重要性

在大学语文教学中融入跨文化元素，是当代教育的一个创新举措。这种教学方式不仅可以丰富传统的教学内容，更可以培养学生的综合素质（如图 5-2 所示）。

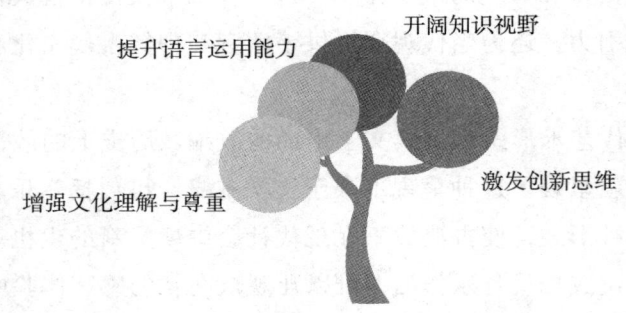

图 5-2　跨文化教学在大学语文教学中的重要性

（一）增强文化理解与尊重

将跨文化元素融入大学语文教学，对于学生理解不同文化背景下的语言表达和文学创作是非常重要的。这种教学方法不仅增进了学生对多

元文化的理解，还培养了他们的全球公民意识，对培养具有国际视野和文化敏感度的新一代具有重要意义。

融入跨文化元素的大学语文教学，首先应该让学生直观地感受到不同文化背景对语言表达和文学创作的影响。通过学习各国的经典文学作品，如不同国家的古典诗歌、现代小说和戏剧，学生能够直接接触到各种文化环境中的语言艺术和表达方式。这不仅是语言知识的学习，更是一种文化深度体验。例如，阅读俄罗斯的古典小说可以让学生感受到俄罗斯的历史和社会环境对文学创作的影响；探索非洲诗歌则可以让学生了解非洲丰富的文化传统，感受其口头文学的魅力。通过这种跨文化的学习，学生对语言和文学作品背后的文化有了更深入的理解。他们开始意识到语言不仅仅是沟通的工具，更是文化、历史和社会价值观的载体。这种理解带来了对多元文化的尊重。学生学会了欣赏不同文化的独特性和魅力，理解文化差异。跨文化教学还有助于培养学生的全球公民意识。在经济全球化和互联网时代，了解和尊重不同文化对学生未来的学习、工作和生活很有必要。通过跨文化的语文教学，学生不仅可以学习到不同文化背景的语言和文学，还能够提升对全球问题的敏感性和理解能力，更容易包容全球多元文化，形成了解、尊重和与不同文化背景人士交流的能力。

（二）提升语言运用能力

跨文化教学在提升学生语言运用能力方面扮演着重要角色。通过这种教学方法，学生不仅可以学习到语言，还掌握了如何在不同文化背景下有效地使用这种语言。这种教学方式的重要性不仅体现在增加语言学习的趣味性上，更重要的是它显著提高了学生的交际能力。

在跨文化教学中，学生要探索和实践不同文化背景下的语言表达方式。例如，学生在学习一种外语时，不仅学习该语言的语法和词汇，还需要理解这种语言在其原文化中的使用方式和语境。这种学习方式能够使学生更深入地了解语言的多样性和灵活性，学会如何在不同的文化和情境中准确地使用语言。跨文化教学还增加了语言学习的趣味性，使学生能够更加积极地参与到学习过程中。通过与不同文化背景下的文学作品和语言表达方式接触，学生的学习动力得到提升，他们对语言的兴趣和好奇心也随之增强。这种积极的学习态度对语言技能的提升必不可少。更重要的是，跨文化教学对提升学生的交际能力有着显著影响。在学习不同文化背景下的语言表达方式时，学生不仅学会了如何使用语言，还学会了如何在实际交际中有效地运用这些知识。他们能够根据不同的文化背景和交际情境灵活调整自己的语言表达方式，进而提升沟通能力和适应不同社交环境的能力。

（三）开阔知识视野

跨文化教学不仅开阔了学生的知识视野，还有助于他们从多元文化的视角理解世界，培养批判性思维和综合性思维。

跨文化教学通过引入各种文化背景下的教学内容，使学生接触世界各地不同的文化和历史。例如，在学习一种语言时，学生不仅学习该语言本身，还会了解到这种语言背后的文化、历史、社会习俗。这种学习方式能够使学生从语言学习中获得更多的知识，了解不同国家和地区的独特性和多样性。开阔了学生的知识视野跨文化教学鼓励学生从不同的文化视角思考问题，从而发展他们的批判性思维。在这种教学模式下，学生可以主动质疑、分析和评价所学习的内容。例如，当学生研究不同文化背景下的历史事件时，他们需要从多个角度考虑问题，理解不同文化如何影响人们对同一事件的看法。这种能力对学生形成独立、批判性的思考方式非常重要。跨文化教学还能够促进学生综合性思维的发展。在学习不同文化的过程中，学生需要整合来自不同学科的知识，如历史、地理、社会学和文学，这种跨学科的知识整合对培养学生的综合性思维非常关键。学生要学会如何将不同学科的知识应用于解决复杂的问题，这对他们的未来发展有益。

(四)激发创新思维

跨文化教学对于激发学生的创新思维具有重大影响。跨文化教学能够使学生接触不同文化中的思维模式和观念。每种文化都有其独特的思维方式、解决问题的方法和创造力的表达形式。例如,东方文化中强调的和谐与平衡与西方文化中强调的冲突与对立提供了不同的思考和解决问题的方式。学生通过学习这些不同的思维模式,可以拓展自己的思维范围,更加灵活地处理问题。多元文化环境还为学生提供了大量的灵感。在了解不同文化的过程中,学生能够发现各种艺术形式、科学发明和社会实践。这些多样化的文化元素能够激发学生的想象力和创造力,使他们在日常学习和未来的工作中产生新颖的想法和解决方案。跨文化教学鼓励学生跳出固有的思维框架,勇于尝试和探索新的可能。在这种教学环境中,教师应鼓励学生去质疑传统的教学观念和方法,寻找解决问题的新途径。这种对传统观念和方法的挑战是创新的关键,它促使学生在学习和实践中不断寻求改进和创新。

二、跨学科整合在提升教学效果中的作用

(一)深化理解与认知多样性

跨学科整合在提升教学效果中的作用巨大,尤其是在深化学生的理解和认知多样性方面。将其他学科的观点和方法引入大学语文教学,学生能够获得更全面和深入的理解。这种跨学科的教学方法能够使学生从多个角度和维度来理解文本和语言现象,从而促进学生认知多样性和综合思维能力的发展。

在传统的大学语文教学中,学生往往局限于文本的表面理解和语言结构的分析。然而,当融入哲学、心理学、历史学等其他学科的视角时,学生能够对文本有更深层次的解读。比如,通过心理学的视角分析

文学作品中的人物，学生不仅能理解人物的行为动机，还能感知人物的心理变化，这样的理解是单纯通过文本分析难以获得的。跨学科教学还可以帮助学生理解语言和文学在不同文化和历史背景下的发展和变化。例如，结合社会学和历史学，学生可以探索语言如何在不同社会和历史背景下表达不同的意义和情感，如何被用作不同社会群体的交流工具。这样的理解不仅开阔了学生的知识视野，还增强了他们的批判性思维能力。跨学科教学的实施还可以激发学生的好奇心和探索欲，使他们主动寻找知识之间的联系。在这种教学模式下，学生提出问题，探索答案，这种主动的学习态度对他们长期的学术发展和个人成长很重要。

（二）促进大学语文教学与其他学科教学的互动

大学语文教学与其他学科教学的互动在丰富学生的学习体验方面起到了不容忽视的作用。将大学语文教学与历史教学、社会科学等学科相结合时，不仅可以增强学生对语言和文本的理解，还能帮助他们更好地掌握其他学科知识。

大学语文教学与历史教学相结合可以让学生在研究文学作品时，更深入地理解作品背后的历史背景和社会环境。例如，学习关于特定历史时期的文学作品时，学生不仅学习文本内容，还应了解作品的创作背景。这种历史视角的加入使得文学作品不再是孤立的文字，而成了活生生的历史见证，加深了学生对文本的理解。

将社会科学的概念和理论融入大学语文教学中，可以使学生更好地从社会文化、心理学、人类学等角度分析和理解文学作品与语言现象。例如，在分析一部小说时，可以引入社会阶层、性别、族群等社会学概念，帮助学生理解文本中的社会和文化问题，从而促进他们对社会科学概念的理解和运用。

（三）创新能力的培养

跨学科教学对培养学生的创新能力具有显著作用。通过将不同学科的知识和技能融入语文学习，学生不仅能够形成创新的思考方式，还能够灵活地解决问题。这种教学模式强调知识间的联系和融合，从而使学生在学习和实践中提升创新能力。

跨学科教学增强了学生灵活解决问题的能力。面对复杂的文本和语言现象时，学生需要综合运用来自不同学科的知识和技能。这不仅要求他们有足够的知识储备，还要求他们能够灵活运用这些知识来分析和解决问题。例如，在讨论一个社会问题相关的文本时，学生可能需要结合历史知识、政治理论和文学知识来构建自己的观点。这种多角度的分析过程促进了学生综合思维能力的提升，使他们在面对复杂问题时更有创造性和适应性。通过跨学科学习，学生还能够形成新的表达方式。在学习大学语文的过程中，学生不仅学习语言和文学，还能够借助其他学科的知识来丰富自己的表达。例如，结合视觉艺术的知识进行创意写作，或者在分析诗歌时加入音乐元素，都能使学生的语言表达更加生动和新颖。这种多样化的表达方式不仅提升了学生的语文能力，还激发了他们的创新潜能。

三、实施跨界教学的具体措施

实施跨界教学需要综合考虑资源整合、项目设计和教师能力提升等多个方面（如图5-3所示）。这种教学模式的成功实施不仅能够提升学生的综合素质，还能够为他们未来发展打下坚实的基础。

图5-3　实施跨界教学的具体措施

（一）跨文化和跨学科教学资源的整合

跨文化和跨学科教学资源的整合为教育提供了一个全新的视角。通过这种整合，教师能够为学生创造一个多维度的学习环境，有助于学生发展综合能力，并促进创新思维的形成。

跨文化资源的整合要求教师挖掘和利用来自不同文化背景的教学素材。例如，结合不同国家的文学作品和艺术形式，教师可以让学生更好地体验多元文化。这不仅有助于学生了解不同文化的语言和表达方式，还有助于培养他们的跨文化理解能力。整合不同学科的教学资源意味着教师需要跨越自己的专业领域，探索语文与其他学科的连接方式。例如，在大学语文教学中，可以引入数学的逻辑思维方法来分析文学作品的结构，或使用科学实验来解释文学中的某些自然现象。这种跨学科的教学方法能够帮助学生从不同角度理解文本，激发他们的创造力。跨文化和跨学科教学资源的整合也需要创新教学策略。教师可以设计一些跨学科项目，如模拟联合国会议来讨论全球问题或创作一部结合历史和文学元素的剧本。这些活动不仅能够提升学生的学习兴趣，还能够帮助他们综合运用不同学科的知识。

在整合这些资源时，教师还需要注意调整教学方法以适应学生的不同学习风格。这可能包括采用多种互动式和参与式教学方法，如小组讨论、角色扮演和实地考察。这种多样化的教学方法有助于激发学生的学习兴趣，提高他们的参与度。

（二）跨学科项目式学习的设计与实施

跨学科项目式学习的设计与实施对培养学生的综合能力极为关键。这种学习方式通过融合不同学科的知识，为学生提供了一个实践和探索的平台，从而促进他们深入学习。

在设计跨学科项目时，关键是选择能够激发学生兴趣并且涉及多个学科领域的主题。例如，关于"经济全球化对传统文化的影响"的项目，可以结合社会学、历史、艺术和语文学科。学生可以研究不同文化如何在经济全球化的影响下保持其独特性，同时分析这一过程中的语言和文学变化。通过这样的项目，学生能够深入理解经济全球化这一复杂现象，同时丰富他们的知识。在设计跨学科项目时，教师的作用不容忽视。他们不仅是知识的提供者，更是学生学习过程中的引导者和协调者。教师需要帮助学生理解不同学科间的联系，引导他们将各学科的知识综合运用到项目中。此外，教师还应鼓励学生进行团队合作，促进他们之间的交流和协作，这对培养学生的社交技能和团队精神非常重要。跨学科项目式学习还应注重实践和创新。学生应将理论知识应用于实际情境中，解决真实问题。例如，可以让学生设计一个旨在解决环境问题的社区项目，结合科学知识和语文技能来撰写相关的宣传材料和报告。这样，不仅可以加深学生对学科知识的理解，还能培养他们的实际操作能力和创新思维。

（三）教师跨界教学能力的提升

教师在跨界教学中的能力提升是实现教学目标的关键，尤其是在跨文化和跨学科教学中。为有效地整合不同学科的知识并促进学生全面发展，教师需要具备多方面的能力和技巧。

教师需要不断更新和丰富自己的专业知识。这不仅包括他们对自己所教授学科的深入了解，还包括对相关学科的基本知识和教学方法的掌握。例如，大学语文教师除了精通文学和语言学，还应对历史、社会学等学科有一定的了解，以便于在教学中融入跨学科的元素。通过阅读最新的学术资料、参加专业研讨会，教师可以持续提升自己的专业能力。教师还需要掌握如何设计和实施跨学科项目。这要求教师具备一定的创新性和灵活性，能够根据学生的需求和兴趣设计有吸引力的学习项目。例如，教师可以设计一个结合文学、艺术和社会学的项目，让学生探究不同文化背景下的文学作品。在这个过程中，教师应有效地组织和管理课堂活动，确保学生在项目中学习并应用来自不同学科的知识。

教师可以通过参与专业发展培训、工作坊和同行交流来提升自己的跨界教学能力。这些活动不仅提供了学习新教学方法的机会，还能帮助教师与其他教育工作者分享经验、讨论挑战，并获得反馈和建议。通过这些方式，教师能够不断地提升自己的教学能力，以更好地适应跨界教学的需求。

第三节　实践探索：大学语文教学与社会实践

在这个快速发展的社会环境中，大学语文教学不仅要传授语言知识，还要培养学生的实际应用能力和社会参与意识。本节通过分析大学语文教学与实际生活的结合、社会参与型学习项目的设计以及实践活动与课堂学习的相互补充等方面的内容，探讨如何在大学语文教学中融入实践元素，使学生更好地理解和应用所学知识。

一、大学语文教学与实际生活的结合

大学语文教学与实际生活的结合是当代高等教育改革的重要方向，旨在提升教学的实用性，从而促进学生的全面发展。将大学语文教学与实际生活紧密结合，能够使学生将理论知识与生活实践相联系，从而更加深入地理解和吸收语文知识，激发学生的学习兴趣，增强他们的实际应用能力。为了有效地将语文教学与实际生活相结合，可以采取以下几种方法。

（一）教学内容与现实生活的紧密联系

将大学语文教学内容与实际生活相结合，不仅能够使学生更深入地理解语文知识，还能够激发他们的学习兴趣，增强他们的实践应用能力。

为了有效地实现教学内容与现实生活的结合，教师应当采取一系列教学方法和策略。教师将与当前社会热点、文化事件或学生生活紧密相关的主题融入语文教学。例如，结合当前的环保议题，引导学生阅读和分析关于自然和环境保护的文学作品，让学生从文学的角度理解和反思环境问题。在教授古典文学或历史文献时，教师可以引导学生探讨这些文献中的主题、思想与现代社会的联系。教师还可以鼓励学生将个人经历和感受融入学习。在写作和口头表达课程中，学生可以写关于自己生活经历的散文或小说，从而更好地理解和运用语言表达技巧。教师可以通过创设贴近学生生活的教学情境，如在讨论文学作品时，模拟相关的社会背景或创造与作品情节相关的场景，让学生在具体情境中体验和理解文学作品。教师还可以引导学生运用语文知识分析和批判当前社会现象，如在分析现代诗歌时，讨论诗歌如何反映社会问题，如何表达对社会现象的看法。通过组织学生参与社会调查、文化活动、社区服务等实践活动，学生可以将课堂所学与实际社会环境结合起来，提高他们的社会责任感和实际操作能力。

（二）创新教学方法，强调实践应用

创新教学方法，强调实践应用，可以使大学语文教学更加生动和有效。这种教学模式不仅激发了学生的语文学习兴趣，还培养了他们的实际应用能力和创造性思维。

小组讨论是一种有效的教学方法，它强调学生在一个协作的环境中交流思想和观点。通过这种方式，学生可以从同伴那里学到解决问题的不同方法，这有助于他们培养团队合作能力。在小组讨论中，学生可以探讨各种主题，如文学作品的主题、作者的写作意图、作品的社会背景等。这种互动性的学习方式能够激发学生的学习兴趣，使他们更加积极地参与到学习中。案例研究是另一种有效的教学方法，它允许学生深入探究具体的实例或情境。通过研究具体的文学作品或历史事件，学生可

以更好地理解语文知识在实际中的应用。案例研究不仅提高了学生的分析能力，还增强了他们对语文学科的理解。角色扮演也是一种富有创造性的教学方法。通过这种方法，学生可以身临其境地体验文学作品中的角色或历史事件中的人物。例如，学生可以扮演《红楼梦》中的角色，从而更深入地理解角色的性格和动机，加深对文学作品的理解。

（三）组织实地考察和社会实践活动

通过实地考察和社会实践活动，学生不仅能将课堂所学知识应用于实际情境中，还能增强社会责任感和实际操作能力。

实地考察是一种富有教育意义的学习方式。通过亲身观察，学生可以直接接触到社会和文化现象，从而更深入地理解和吸收课堂上学到的知识。例如，参与社区历史文化的调查研究，可以让学生亲身体验当地的历史和文化，加深他们对传统文化的理解。在这个过程中，学生不仅可以学习到关于历史、艺术和社会的知识，还可以培养研究能力。社会实践活动，如参与社区服务或文化活动，提供了将学术知识与现实生活结合的机会。通过这些活动，学生可以直接应用自己在课堂上学到的语文知识，如通过组织文化活动来展示自己对文学作品的理解，或者在社区服务中使用自己的交际和写作技巧。这样的活动不仅加深了学生对语文知识的理解，还提高了学生的社会参与度和公民意识。通过参与这些实践活动，学生还可以发展他们的团队合作能力、领导能力和沟通能力。这些技能对学生的个人成长和职业发展都非常重要。这种将理论与实践相结合的教学方法不仅丰富了学生的学习经历，还为他们今后的发展奠定了基础。

二、社会参与型学习项目的设计

（一）设计基于社区服务的学习项目

设计基于社区服务的学习项目是一个有效方法，能将大学语文教学与社会实践相结合。这种方法不仅有助于提高学生的语文技能，还能够增强他们的社区责任感和社区参与意识。可以在社区图书馆或学校组织阅读促进活动。这些活动可以是定期的读书会，要求学生和社区成员共同参与，讨论各种文学作品。学生可以担任活动的组织者和引导者，这样，不仅可以提高自己的组织能力，还能加深对文学作品的理解。根据社区的具体需求，还可以设计一些与语文学习相关的服务项目。例如，如果社区中有许多老年人，可以组织学生采访他们，记录他们的生活故事，并整理成文字。这不仅是对老年人的一种关怀，也让学生通过实践活动学习如何进行有效交流和写作。学生还可以为社区新闻简报撰写文章，报道社区活动或重要事件，这样的实践能够提升他们的新闻写作能力和对社区发生事件的敏感度。这类项目可以让学生在真实的社会环境中应用自己在课堂上学到的知识，如采访技巧、写作技巧、公共演讲技巧等。这种理论与实践结合的教学方法，能够有效地提升学生的综合素质，使他们更好地为将来的社会生活做准备。

（二）通过志愿者活动加强学生的社会责任感

通过志愿者活动加强学生的社会责任感是一种深具影响力的教育方法，特别是在大学语文教学领域。这种方法能够帮助学生将课堂上学到的知识与实际社会服务相结合，从而在实践中深化他们的学习体验，并培养他们的社会责任感。

设计大学语文课程与社会服务相结合的志愿者活动包括多种形式。例如，参与社区教育计划，为弱势群体提供语文辅导，是一种直接的方法。在这个过程中，学生不仅能够运用自己的语文知识帮助他人，还能够理解教育的重要性以及为社会弱势群体服务的价值。这种体验对提高学生的同情心和责任感非常有效。另外，组织诗歌朗诵会、戏剧表演活动等，让学生参与其中，既能提升学生的语文表达能力，又能为社区带来丰富的文化体验。这些活动不仅为学生提供了展示自己语文才能的舞台，也为他们贡献社会提供了机会。通过这样的活动，学生可以学习如何有效地与他人沟通和表达自己，也能够了解到艺术和文化对社区凝聚力的重要性。

在志愿者活动中，学生不仅可以学习到语文知识，还能掌握团队合作、公共演讲等生活技能。例如，在准备戏剧表演或诗歌朗诵会时，学生需要学会如何协作，如何分工以及如何在公众面前有效地表达自己。这些技能对学生未来的学习是非常有价值的。

（三）结合非政府组织的合作项目

结合非政府组织的合作项目是一种扩展大学语文教学边界的有效方式，它能让学生有机会参与到更广泛的社会实践中。这种合作不仅能使学生将语文知识应用于真实世界的情境中，还能培养他们的全球视野和跨文化交流能力。

与当地或国际非政府组织合作，可以让学生参与各种项目。例如，参与文化交流项目，让学生了解和学习不同地区的语言和文化。这样的项目通常包括交流访问、文化研讨会和语言学习活动等内容。学生不仅能够深入了解其他文化，还能在实际对话中练习和提高自己的语言技能，还能开展与文学、文化保护或教育相关的项目。例如，学生可以参与文化遗产的记录和保护工作，如调查当地的口头传统、民间故事，或者参与到修复古老的文献和艺术作品的工作中。这些活动不仅有助于保存和弘扬文化遗产，还能让学生理解文化多样性的重要性以及如何保护和尊重不同的文化传统。与非政府组织合作还包括协助非政府组织进行教育宣传活动。学生可以帮助非政府组织制作教育材料，如编写教育小册子、制作宣传视频，甚至参与组织教育研讨会和讲座。这些活动不仅能让学生锻炼自己的写作和沟通技巧，还能让他们了解教育的力量以及如何通过教育传递知识和影响社会。

通过与非政府组织的合作，学生不仅能够在实际的社会环境中应用语文知识，还能增强自己的跨文化交际能力。这种实践经验是宝贵的，它不仅丰富了学生的学习体验，还为他们日后的发展积累了经验。

三、实践活动与课堂学习的相互补充

实践活动与课堂学习的相互补充至关重要。这种互补性不仅增强了学生的学习体验，还促进了学生对知识的深入理解和应用。

（一）课堂学习与外部实践活动的有效整合

整合课堂学习与外部实践活动对提升学生的综合素质和实践能力很有作用。这种整合不仅促进了学生对课堂知识的深入理解，还为他们提供了将理论应用于实践的机会。

设计与课程相关的实践项目是实现这种整合的有效途径。例如，将课堂上讨论的文学作品与剧院的戏剧创作联系起来，这种方式可以让学生直接将课堂上学到的理论知识应用于实践。在这个过程中，学生不仅学习了文学作品的分析方法，还能通过实际的剧场实践来深化对这些作品的理解。在这种活动中，学生可以参与到戏剧创作的各个阶段中，包括剧本编写、角色扮演、舞台设计和演出。例如，学生可以根据自己在课堂上学习的文学作品，编写或改编剧本，然后在戏剧表演中扮演不同的角色。这样的经历不仅加深了他们对文学作品的理解，还提高了他们的创造力、团队合作能力和语言表达能力。通过将文学作品的主题应用到戏剧创作中，学生可以更深入地理解作品的深层含义。他们需要思考如何将文学作品的情感和信息通过戏剧表现出来，这个过程涉及对作品的深入解析以及如何将这些解析转化为表演艺术。

（二）将实践活动中的学习成果反馈到课堂

将实践活动中的学习成果反馈到课堂是大学语文教学中一个非常重要的环节。这不仅能促进学生对知识的深入理解，还能帮助他们将课堂

学习与实际经验联系起来，从而提升整体的学习效率。在这个过程中，学生可以在课堂上分享自己在实践活动中的经验、面临的挑战以及取得的成功。例如，如果学生参与了社区服务项目（如教育辅导或文化活动），他们可以分享自己在这些活动中如何运用在课堂上学到的知识，以及这些经验如何帮助他们更深刻地理解语文知识和技能。在分享过程中，学生不仅可以描述自己的具体活动，还可以讨论在实践中遇到的挑战以及自己如何克服这些挑战。这些讨论有助于其他学生了解实践中可能遇到的问题，并从同学的经历中找到解决的方法。

教师在这个过程中扮演着重要角色。他们可以指导学生深入反思自己的实践体验，帮助学生理解这些体验与课堂学习的联系。教师可以提出问题，激励学生思考自己遇到的困难以及如何克服这些困难。此外，教师可以帮助学生识别自己在实践中获得的新知识、新技能，并讨论如何将这些新获得的知识和技能应用到未来的学习和生活中。通过将实践活动中的学习成果带回课堂，学生可以将理论与实践相结合，这不仅增强了他们的学习动力，还促进了他们的个人发展。这种循环的学习过程有助于构建一个互动和反思的学习环境，使学生在实践中学习，并将学习成果应用到未来的生活和工作中。

第六章 大学语文教学方法的创新

第一节 项目教学法

项目教学法作为一种以学生为中心、强调实践和探索的教学方法，不仅提升了学生的学习积极性，还促进了他们跨学科思维的发展。本节将从项目教学法的概念入手，深入挖掘其理论基础，分析其在大学语文教学中的实施策略，以揭示其在提高学生综合素质和实际应用能力方面的重要性。

一、项目教学法概述

项目教学法就是在教师的指导下，将一个相对独立的项目交由学生自己处理，信息的收集、方案的设计、项目的实施及最终评价都由学生自己负责。学生通过该项目了解并把握整个过程及每一个环节的基本要求。[1] 项目教学法作为一种现代教学模式，在大学语文教学中逐渐显现其独特的价值和效果。这种教学法打破了传统教学的界限，通过设计和实施以项目

---

[1] 杨琳，李杰，王艳结，等. 成果导向课程体系的构建、开发与实施[M]. 北京：冶金工业出版社，2020：123.

为核心的教学活动，促进学生主动学习、探索和实践。项目具有确定的目标，有明确的开始时间和结束时间，要完成的是以前从未做过的工作。[①] 项目教学法的核心在于将学习过程构建成一个以解决实际问题或完成具体项目为目标的过程。在这个过程中，学生不仅需要获取必要的知识和技能，还需要通过实践活动来应用这些知识和技能，以达到解决问题的目的。这种教学方法特别适用于大学语文教学，因为它能够激发学生对语文学科的兴趣，促进他们综合能力的发展。

在项目教学法的框架下，教师的角色从传统的知识传递者转变为指导者和协助者。教师不再是课堂的唯一话语者，而是通过设计项目主题、提供资源和指导，帮助学生在探索过程中发现和解决问题。例如，教师可以设计一个关于古典诗词创作的项目，要求学生研究古诗的艺术特点，再创作属于自己的诗歌。这种项目不仅需要学生掌握诗歌的基本知识，还需要他们有自己的创意。项目教学法的实施也强调团队合作和交流。学生要在小组中合作，共同讨论、规划和实施项目。这不仅提高了学生的社交能力，也促进了学生对知识的深入理解和应用。例如，团队成员可能需要共同分析一部文学作品，每个人从不同角度提出自己的理解和见解，然后汇总成一个全面的文学作品分析报告。项目教学法还能促进学生自我管理能力的提升。在项目实施过程中，学生需要学会合理安排时间、分配任务和评估进展。这对培养他们的责任感和自主学习能力具有重要意义。

二、项目教学法的理论基础

项目教学法的理论基础是理解和实施这一教学方法的关键。项目教学法作为一种以学生为中心的教学模式，强调通过实际项目的设计和实施来达成学习目标。其理论基础可以从多个维度进行深入探讨。

[①] 毕经美. 项目教学及其在高职课程教学中的应用调查[J]. 软件导刊（教育技术），2011, 10(6): 56-57.

(一)建构主义学习理论

建构主义学习理论是项目教学法的关键理论支柱。它主张学习是学生主动建构知识的过程,强调学生通过与环境的互动在实践中积极建构知识。在大学语文教学中,这一理论的应用意味着学生不再是被动接受知识,而是成为知识建构的主动参与者。

建构主义学习理论强调学生应通过探索、实验和体验来获取知识。在大学语文教学中,这可以通过让学生参与文学作品的深入分析、创作实践或文化研究项目来实现。在建构主义学习理论的指导下,教师从传统的知识传递者转变为学习的促进者和指导者。教师通过设计项目、提供资源和指导学生的学习过程来帮助他们建构知识。建构主义学习理论认为学习环境对学生的学习具有重要意义。教师应鼓励学生探索、提问和合作,创造一个支持学生积极参与和实践的环境。该理论还强调知识的社会性和文化性。学生在学习过程中不仅是在建构个人理解,还在与他人交流和协作中共同建构知识。

(二)多元智能理论

多元智能理论由霍华德·加德纳(Howard Gardner)提出,它对项目教学法的应用产生了深远影响。这一理论主张人类智能多样性,强调人除有传统的逻辑数学智能和语言智能外,还有空间智能、身体运动智能、音乐智能、人际智能、内省智能和自然观察智能。在大学语文教学中,多元智能理论的应用要求教师创造条件,从而让不同类型智能的学生都能发挥出自身潜力。教师应设计多样化的教学活动,以适应不同学生的智能类型。例如,对于具有较强人际智能的学生,可以安排小组讨论或角色扮演活动;对于具有较强自然观察智能的学生,则可以设计与自然或环境相关的文学作品分析活动。多元智能理论鼓励学生在多个智能领域发展能力。项目教学法通过综合应用不同的智能类型,如通过写作、演讲、视觉艺术等多种形式的表达，帮助学生全面发展。通过识别和发展自己的多元智能，学生可以更好地理解自己的学习方式和优势，从而在学习过程中发挥出最大的潜能。

（三）反思实践理论

反思实践理论在项目教学法中同样占据重要位置。该理论强调在学习过程中进行深入反思对知识的深化和技能的提升有重要作用。这一理论主张学习不仅仅是一系列外部活动的参与，更是内部思维过程的一部分。

反思实践理论将反思视为学习过程的核心。学生通过反思自己的学习经历，包括成功和失败，可以更深入地理解所学内容，并对自己的学习方法和策略进行调整。学生应进行持续的自我评价，以确保学习过程的有效性和持续性。这种自我评价不仅涉及学术成就，还包括团队合作、问题解决和批判性思维的发展。在项目教学法中，教师是引导学生进行有效反思的促进者。教师可以通过提问、指导和反馈帮助学生深化对自己学习过程的理解。反思实践理论还要求学生将理论与实践结合起来。通过在实际项目中应用理论知识，并对这一过程进行反思，学生可以更好地理解理论，并学会如何在实践中应用这些理论。

三、项目教学法的特点

项目教学法作为一种现代教育方法，展现了多个特点（如图 6-1 所示），这些特点共同展现了其在各个教学领域中的应用价值。

第六章 大学语文教学方法的创新

图6-1 项目教学法的特点

（一）以项目为主题

在项目教学法中，以项目为主题的特点强调将学习活动围绕具体的、实践性强的项目来展开。这些项目不仅仅是传授知识的工具，更是学生学习、探索和创新的平台。项目通常设计为跨学科的，结合实际问题和实际操作，要求学生利用所学知识去解决具体问题。这种教学模式使学习过程变得更加动态和互动，远离了被动的课堂学习模式。项目的主题多种多样，可以是解决具体社会问题、探讨科学现象，也可以是进行艺术创作或者文化研究。这些项目的设计注重实用性和相关性，旨在激发学生的兴趣。例如，一个项目可能要求学生研究特定社会问题的历史背景，分析其对现代社会的影响，并提出解决方案。

在实施过程中，学生需要运用批判性思维来规划项目，从收集资料到分析问题，再到提出和实施解决措施。这种方法不仅提升了学生的独立思考能力和问题解决能力，还促进了他们创新能力的发展。此外，项目的实施还包括成果的展示和评价，学生需要向同伴和教师展示自己的工作，这一过程强化了他们的沟通技能。

（二）以学生为主体

以学生为主体的特点强调将学生的需求、兴趣和个人发展放在教学活动的中心,认为学生在学习过程中起主体作用。运用项目教学法,学生的主动性、创造性和参与度都大大提升,学习过程更加符合学生的实际情况,有助于激发学生的内在动机,提高学生的学习效率。项目教学法还要求学生根据自己的兴趣选择学习内容和路径。这种自主性不仅有助于增加学生的学习动机,还有助于提高他们的学习效率。学生在学习过程中提出问题、探索解决方案并与他人分享自己的见解,提升了自我探索和自我表达能力。项目教学法还注重个性化的学习路径。每个学生的学习方式、节奏和兴趣可能不同,项目教学法允许他们按照自己的方式进行学习。教师在这一过程中的作用更多的是指导和支持,帮助学生实现自己的学习目标,并在必要时提供适当的指导和资源。

(三)重视团队合作与交流

项目教学法对团队合作与交流的重视是其显著特点之一,体现了现代教育对社交技能和协作能力的高度重视。在这种教学模式下,学生与同伴一起工作,共同解决项目中的问题,不仅可以提升团队协作能力,还能增强沟通和交流能力。

团队合作过程中学生需要共享资源、分配任务、协调意见,并共同制订问题解决方案。这种合作模式可以使学生学会倾听他人的观点,学会在团队环境中有效沟通,并在不同意见中找到共识。这些技能对学生的未来发展非常重要。团队合作也提供了一个多元视角的学习环境。每位团队成员可能有不同的背景、经验和知识,这种多样性丰富了讨论内容,有助于学生从多角度理解和分析问题。在这种互动中,学生不仅能够学习专业知识,还能够发展创造性思维。团队合作和交流还促进了学生对社会责任和伦理的认识。在合作项目中,学生要学会在尊重他人的同时贡献自己的力量,这对培养他们的社会参与意识和伦理观念非常重要。

（四）强调实践与应用

项目教学法还强调实践与应用，这种特点体现了教育的实用性和应用性。在项目教学法的应用过程中，理论知识不再是抽象和孤立的，而是被直接应用于解决实际问题。学生在完成项目的过程中，不仅学习了理论知识，还学会了将这些知识应用于实际情境。

强调实践与应用的项目教学法能够使学生更好地理解理论知识的实际意义。通过在真实或模拟的实际情境中测试和应用所学知识，学生能够更深刻地理解理论，并学会在现实生活中运用这些理论。这种方法增强了学习的相关性和动机，使学习过程更加生动、有效。在实践中，学生还能够发展一些能力，如问题解决能力、适应能力等。这些能力在学生未来的工作和生活中十分重要。

四、项目教学法在大学语文教学中的具体实施

项目教学法在大学语文教学中的具体实施是一个包含多个环节的复杂过程。它要求教师不仅在项目设计上投入精力，还要求在学生的角色和参与方式、团队合作、实践活动的组织以及评估与反馈方面下功夫（如图6-2所示）。通过这种教学方法，学生能够在一个更加丰富、互动和实用的学习环境中深入探索语文知识。以下是项目教学法在大学语文教学中具体实施的路径。

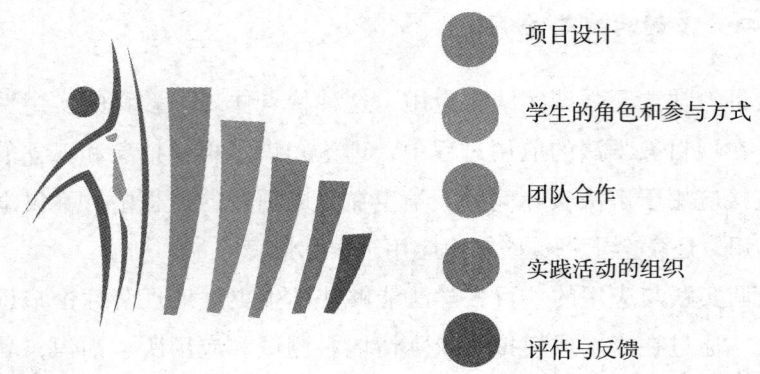

图 6-2　项目教学法在大学语文教学中的具体实施

（一）项目设计

在大学语文教学中，项目设计应紧密结合课程的学习目标和核心内容。例如，设计的项目可能涵盖古典诗词的创作技巧、现代小说的叙事结构、戏剧作品的表演艺术等。项目应具有足够的挑战性，同时确保学生可以有效完成。精心设计的项目能够激发学生的兴趣和探索欲，鼓励他们深入挖掘文学作品的内涵，探讨作品的语言特点、文化背景及其在当代社会的意义。项目设计还应考虑到学生的学习风格、知识水平等，确保每位学生都能从中获益。项目设计也需要考虑资源的分配和时间管理。教师在设计项目时应确保所有必要的资源都能被学生获取，如相关的文学作品、研究资料和技术工具。同时，项目的时间线应合理规划，确保学生有足够的时间来深入探究主题，完成研究，并准备最终的展示或报告。

（二）学生的角色和参与方式

在项目教学法的应用过程中，学生的角色和参与至关重要。学生不再是被动的知识接受者，而是变成了主动的探索者。同时，学生被赋予了更大的责任，他们需要主动参与项目的各个阶段，从最初的概念设想到最终的执行和展示。在项目教学法的实施中，学生需要自行选择研究主题，制订研究计划，收集和分析数据，最终呈现自己的结论。这一过程不仅提高了学生的研究能力，还增强了他们的自我管理和组织能力。例如，学生可能需要自主选择一部文学作品进行深入分析，探讨作者的写作风格、文化背景及其对读者的影响。学生的参与还体现在他们在学习过程中的创造性表达上。他们应运用自己的见解来解读文学作品或者创作自己的文学作品。这种创造性活动不仅提升了学生的语文技能，还促进了他们思考能力的发展。在项目教学法的实施中，学生的角色和参与方式的多样化有助于提高他们的学习积极性和主动性。通过让学生在项目中扮演不同的角色，教师可以确保学生从多个角度理解和掌握语文知识与技能。

（三）团队合作

在项目教学法中，团队合作占据着核心地位，特别是在大学语文教学中。教师要引导学生以小组形式合作，共同面对和解决项目中遇到的问题。在团队合作过程中，学生不仅能够提升自己的沟通能力和团队协作技巧，还能够学习如何在多元化的团队中共存和发展。在团队合作环节，学生需要共同规划项目的发展方向，分配具体的任务，共享资源，并共同解决遇到的问题。这一过程有助于学生在不同意见中找到平衡，在集体决策中发表自己的见解，并在团队中发挥自己的优势。教师在团队合作中扮演着关键角色。他们需要确保团队的组成具有多样性和平衡性，确保每位成员都有机会贡献自己的力量。同时，教师需要监督团队的进展，及时提供必要的支持和指导，确保团队合作顺利进行。

（四）实践活动的组织

实践活动是将理论知识转化为实际技能的关键。在大学语文教学中，实践活动包括文学作品的分析与创作、演讲以及与课程内容相关的其他活动。这些活动的设计应当使学生将所学知识应用于实际情境，提高他们的实际操作能力。在组织实践活动时，教师应精心策划以确保活动的有效性和相关性。教师需要考虑活动如何与项目主题紧密联系，如何帮助学生达到学习目标。同时，实践活动应当允许学生发挥个人才能和创新思维，鼓励他们尝试新的方法和途径。在实践活动的开展过程中，学生可能会面临各种挑战，这些挑战既是学习的机会，也是对他们知识理解和应用能力的检验。教师应当提供必要的支持，确保学生在安全、和谐的环境中进行探索和学习。

（五）评估与反馈

评估与反馈不仅有助于衡量学生的学习成果，还能促进学生持续进步和发展。在大学语文教学中，评估应当全面考量学生在项目中的表现，包括他们的研究质量、团队合作能力、创新思维和实际操作能力。评估不应仅限于项目的最终成果，还应包括学生在整个项目过程中的参与度和进步情况。教师应提供具体和建设性的反馈，帮助学生识别自己的优势和提升的领域。反馈应当及时且具有针对性，旨在激励学生继续努力，同时提供改进学习方法的建议。评估和反馈的过程也应当鼓励学生进行自我反思。学生应思考自己在项目中的学习经历，评价自己的表现，并思考未来如何改进。这种自我反思的过程对学生形成终身学习的习惯具有重要作用。

第二节 行动导向教学法

行动导向教学法是一种以学生的实际行动和活动为中心的教学方法，它在大学语文教学中的应用为学生提供了一种更加动态的学习体验。这种教学法的核心在于通过具体的行动和实践活动来促进学生的学习和理解，特别强调将理论知识与实际应用相结合。

一、行动导向教学法概述

所谓行动导向教学法,是指以行动或工作任务为主导方向,通过教师引导、师生互动、生生互动等方法,激发学生的学习兴趣,使学生主动用脑、用心、用手进行学习的教学方法。[①] 在行动导向教学法中,学生不再是被动地接受知识,而是通过主动参与、探索和实践来学习知识。这种方法要求学生积极参与课程活动,通过实际操作和体验来深化对语文知识的理解。例如,学生可能会参与到文学作品的演绎、文学创作的实践、文化研究项目等活动中,这些活动都需要学生主动思考、策划和执行。行动导向教学法的应用也强调了学生学习过程的个性化。教师在这种教学模式中更多地扮演着引导者和协助者的角色,他们提供必要的资源和支持,帮助学生根据自己的兴趣和需求制订学习计划。这种方法使学生能够根据自己的学习风格和兴趣,以更灵活和创造性的方式参与到学习过程中。

行动导向教学法还重视反思和自我评估的过程。学生在完成实践活动后,要进行反思,思考自己的学习经历,评价自己的表现,并从中学习如何改进。这种反思过程不仅有助于学生巩固所学知识,还能促进他们自我管理能力的提升。行动导向教学法在大学语文教学中的应用也体现了对学生综合能力发展的重视。通过参与各种行动导向的活动,学生不仅能提升自己的语文技能,还能在沟通、团队合作、创新思维等方面取得进步。例如,通过参与团队完成一个文学研究项目,学生不仅能学习文学知识,还能发展团队协作和项目管理能力。

二、行动导向教学法的理论基础

行动导向教学法的理论基础是一个多维度的概念,涵盖从心理学到

---

① 杜小明,唐仁生,张炎.行动导向教学法在大学生 KAB 创业教育课程中的应用:以安徽科技学院为例[J].开封教育学院学报,2014(8):80-81.

教育学的多个理论框架。这些理论框架共同为行动导向教学法提供了坚实的理论支持，使其成为一种有效的教学策略。

（一）建构主义学习理论

建构主义学习理论在行动导向教学法中发挥着核心作用，这种理论的核心观点是知识是学生主动通过与环境互动来获得的。在这个过程中，学生不是被动地接受知识，而是主动地建构知识，这一点在行动导向教学法中表现得尤为明显。建构主义学习理论认为，学习是一个意义建构的过程。学生通过与社会环境的互动以及通过个人的先前经验和认知结构来解释新信息。这种理论强调学生在学习过程中的主体性，认为学生是主动探索和建构知识的个体。

在行动导向教学中，学生应主动参与到有意义的活动中。这些活动能够使学生在真实或模拟的情境中应用和测试自己的假设。例如，在一个关于文学分析的项目中，学生可能需要阅读特定的文学作品，然后基于自己的理解来分析作品。这个过程不仅要求学生运用自己的分析技能，还要求他们将新获得的知识与自己的先前经验相结合，从而形成更深层次的理解。建构主义学习理论还强调错误和修正在学习过程中的重要性。在行动导向教学活动中，学生可能会犯错误，但这些错误被视为学习的重要部分。通过识别和纠正这些错误，学生能够更好地理解概念，从而更深入地学习。

（二）经验学习理论

经验学习理论在行动导向教学法中扮演着十分重要的角色。这种理论认为学习是体验、反思、概念化和实验的循环过程。在行动导向教学中，这一理论指导学生通过亲身体验和反思来理解和掌握知识。

经验学习理论将学习过程分为四个阶段：具体经验、反思观察、抽象概念化和主动实验。在具体经验阶段，学生通过参与实际的活动获得第一手经验。例如,在学习文学批评时,学生可能需要亲自撰写一篇批评文章,通过这个过程,他们可以直接掌握文学批评的写作技巧。在反思观察阶段,学生要思考自己掌握的知识、经验,从而深入理解这些知识。例如,学生可能需要反思自己撰写批评文章的过程,思考如何改进自己的分析和写作技能。在抽象概念化阶段,学生基于自己的经验和反思形成新的理论或概念。例如,他们可能会发展出一套关于文学批评的新理念或新方法。在主动实验阶段,学生将新形成的概念应用于新的情境中,并测试和修改这些概念。例如,学生可能会在分析不同类型的文学作品时应用新的批评方法。

(三)社会文化理论

社会文化理论,尤其是维果茨基(Vygotsky)的观点,为行动导向教学法提供了深刻的理论支撑。维果茨基认为,学习是一个深受社会和文化因素影响的过程。在这个过程中,学生通过与他人的互动以及通过使用工具来获取和建构知识。

在行动导向教学法的实施中,社会文化理论的实践意味着教学活动应促进学生之间的互动和合作。通过小组工作、讨论和合作项目,学生有机会在社会化的学习环境中相互学习和成长。其强调学习是一个共同的、协作的过程,而不仅仅是个人的、孤立的活动。社会文化理论还强调"最近发展区"的概念。在教育实践中,教师应识别学生可以在适当支持下达到的发展水平,并提供必要的指导和帮助。在行动导向教学法的实施中,这种支持可以通过小组合作、同伴学习或教师的直接指导获得。社会文化理论也强调语言在学习过程中的重要性。语言不仅是交流的工具,还是思维的工具。在行动导向教学法的实施中,学生应通过讨论、演示和反馈来使用语言,这样不仅促进了知识的共享,还加深了对知识的理解和内化。

（四）行为主义学习理论

行为主义学习理论对行动导向教学法也有一定的影响。其强调通过可观察的行为来理解和衡量学习，主张通过强化和反馈来塑造行为。在行动导向教学法的实施中，教师可以通过设定明确的学习目标和有效的反馈机制来增强学生的学习动机。明确的目标可以帮助学生了解自己的学习方向和预期成果，有效的反馈机制（包括正向反馈和负向反馈）则可以帮助学生了解自己的进步之处和需要改进的地方。行为主义理论还强调条件反射和习惯形成的重要性。在行动导向教学法的实施中，这意味着通过重复和练习来加强学习。例如，通过不断实践某一技能或概念，学生可以更好地掌握并将其内化。行为主义理论也强调奖励和激励在学习过程中的作用。在行动导向教学法的实施中，教师可以通过激励，促使学生积极参与并致力达成学习目标。

三、行动导向教学法的特点

行动导向教学法具有一定的特点（如图6-3所示），具体如下。

强调实践和体验　　学生主动参与和　　批判性思维和解决　　反思和自我评估的
　　　　　　　　　自主学习　　　　问题的能力　　　　过程

图6-3　行动导向教学法的特点

（一）强调实践和体验

行动导向教学法的核心在于强调实践和体验的重要性。这种教学方法不是通过传统的课堂讲授来进行，而是通过具体的实践活动来实施的。学生可以进行实地考察、参与项目工作、进行实验等，这些活动都是直接与所学知识相关的。通过这种方式，学生能够在实际操作中理解和应用理论知识，从而加深对知识的理解。在行动导向教学法中，学生通过亲身体验进行学习，而不仅仅是通过听和看。例如，通过撰写文学作品、参与剧本创作，学生能够更深刻地理解文学和语言。这种亲身经历使得学习过程更加生动、有效。

（二）学生主动参与和自主学习

行动导向教学法强调学生主动参与和自主学习。学生需要自行探索、提出问题、寻找答案，并在实践中测试这些答案。这种主动参与的方式不仅提升了学生的兴趣，也增强了他们的自主学习能力。在行动导向教学法中，学生可以制订自己的学习计划，选择适合自己的学习资源和方法。这种自主性的提升有助于培养学生的自我管理能力，使他们根据自己的兴趣和需求，以更加灵活的方式参与到学习中。例如，在一个以文学分析为主题的项目中，学生可以自由选择分析的文本，并设计自己的研究方法。

（三）批判性思维和解决问题的能力

行动导向教学法通过提供复杂的、真实世界的问题和挑战，促进学生批判性思维和解决问题能力的发展。在教学过程中，学生要分析问题，提出新的解决方案，并在实践中测试这些方案。这不仅可以发展学生的思维，还能提升他们面对未来挑战的能力。在一个项目中，学生可能会遇到需要自己运用批判性思维来解决的复杂问题。例如，他们可能需要分析一个文学作品中的主题和象征，或者探讨一个文化现象的社会影响。这些活动要求学生深入挖掘问题的根源，并提出有效的解决策略。

（四）反思和自我评估的过程

反思和自我评估是行动导向教学法的另一个特点。学生应在每个实践活动之后进行反思，评估自己的表现，并从中学习如何改进。这种反思过程可以帮助学生从实践中获得经验与教训，增强他们对所学知识的理解和应用能力。反思常常涉及学生对自己在项目中的角色、贡献和学习过程的评价。通过这种自我评估，学生能够识别自己的强项和需要改进的地方，从而在未来更有效地学习。例如，学生在完成一个文学批评项目后，可以反思自己的分析方法和论证策略以及如何更有效地表达自己的观点。

四、行动导向教学法在大学语文教学中的具体实施

行动导向教学法的实施不仅加深了学生对语文知识的理解，还促进了他们创新能力和跨文化沟通能力的提升，从而使学生在实践中学习和成长。行动导向教学法在大学语文教学中的具体实施要注意以下几点（如图6-4所示）。

图6-4 行动导向教学法在大学语文教学中的具体实施

（一）文学作品的分析与创作

在大学语文教学中应用行动导向教学法，特别强调文学作品的实践分析与创作。此方法使学生不是停留在理论层面的学习，而是通过亲自参与文学作品的分析和创作活动，加深他们对文学作品的理解。

通过对文学作品的分析，学生能够将抽象的文学理论与具体的文本相结合。在这个过程中，他们不仅学习了如何应用符号主义、现实主义、后现代主义等不同的文学理论，还掌握了将这些理论用于分析具体作品

的方法。这种分析活动可能包括对经典或现代文学作品的深入探讨，学生在分析时应考虑文本的各个方面，如主题、结构、角色和文体。创作实践则为学生提供了一个展示他们对文学理论理解的平台。通过创作自己的文学作品，学生能够亲身体验文学创作的整个过程，即从选题、构思到最终的文本创作。创作活动不限于传统的文学形式，如小说或诗歌，还包括剧本写作、数字叙事或多媒体文本。这样的活动不仅提高了学生的写作技能，还加深了他们对文学作品的理解。

（二）语言技能的综合培养

行动导向教学法在大学语文教学中的应用强调综合培养学生的语言技能。教师可以组织通过一系列实践活动，培养学生的阅读和写作技能，增强他们的听说技能。

在阅读方面，学生应深入分析各种文本，包括经典文学作品、现代小说、诗歌、戏剧等。这不仅仅是对文本内容的理解，更包括对作者使用的语言技巧、叙事结构和主题的深入探讨。在写作方面，学生应参与各种写作练习，如论文写作、创意写作和批评性写作。这些练习使学生能够实践和改进他们的写作技巧，同时促进他们对不同写作风格和形式的理解。听说技能的提升是行动导向教学法实施的一个重点。学生通过参与辩论、演讲和小组讨论等活动，提高了口头表达能力和听力理解能力。

（三）文化研究与跨文化理解

行动导向教学法在大学语文教学中的应用特别强调文化研究和跨文化理解。在教学中，教师要注意扩展学生对文学作品的理解，加深他们对文化多样性和全球视角的认识。

在行动导向教学法的实施中，学生应研究和分析来自不同文化和历史背景的文学作品。这包括对各个国家、文化和历史时期的文学进行深入探讨。例如，学生可以研究中国古典文学、印度史诗等。这种多元文化的研究不仅开阔了学生的文学视野，也增进了他们对全球文学传统的了解。通过分析不同文化背景下的文学作品，学生能够理解文学是如何在不同文化中表达和塑造社会和历史现象的。这种理解有助于学生认识到文学不仅是艺术表达的一种形式，也是文化交流的重要工具。学生通过这种方式可以了解到文学作品不仅反映了其创作时的社会和历史背景，还揭示了不同文化之间的共性和差异。

在实际教学中，教师可以指导学生通过研究项目来深入探讨特定文化或历史时期的文学作品。这些项目包括文学作品的比较研究、对特定文化背景下文学作品的深入分析，或者是探索文学作品如何回应特定的社会和政治问题。通过这些研究，学生能够更加深入地理解文学作品的多样性和复杂性。

（四）批判性思维的培养

在大学语文教学中，行动导向教学法对培养学生的批判性思维给予了高度重视。这种教学方法不仅注重知识的传递，更注重思维技能的培养，特别是在分析、评价文学作品方面。

学生应批判性地分析文学作品，包括对作品的主题、结构、语言和文化背景进行深入研究。在这个过程中，学生学会了识别作家的意图，理解了文本的多重含义，并掌握了作品反映和影响其社会和文化环境的方法。通过这种深入分析，学生能够得出自己的见解，而不仅仅是接收表面信息。批判性思维的培养也包括教导学生如何评价和批判文学作品。学生不仅要接受文学批评家和学者的观点，还要学会质疑和评估这些观点的有效性。这种方法能够使学生独立思考，形成自己的观点，并提出自己的疑问。为了促进批判性思维的发展，学生可以参与各种批评写作、研讨会等活动。在这些活动中，学生不仅需要对文学作品进行深入分析和评价，还要学会在小组讨论中提出和论证自己的观点，并与他人进行交流。这些活动不仅增强了学生的批判性思维能力,还提高了他们的沟通能力。

第三节　合作学习教学法

合作学习教学法是现代教育领域中一种日益受到重视的教学方法,它在大学语文教学中占有重要地位。这种方法不仅改变了传统的教学模式,还为学生提供了一个互助合作、共同成长的学习环境。

一、合作学习教学法概述

合作学习教学法就是以人际关系为基础,以学习目标为先导,以小组活动为主要形式,以师生、生生合作为主要动力,以提高学生的学业成绩、改善班级内的心理气氛、提升学生的能力为目的的一种教学方法。[1]合作学习法主张将学生分成小组,让他们通过集体努力完成学习任务。它的核心思想在于通过小组成员之间的互动、讨论和合作来实现学习目标。这种方法强调学生作为主动参与者的角色,而非被动的知识接受者。

与传统以教师为中心的教学模式相比,合作学习法更注重学生之间的互动和小组内的合作。在这种教学框架下,学生不仅要学习课堂上的知识,还要学会如何在团队中工作以及如何有效地沟通和解决问题。合作学习的主要目标是培养学生的团队合作能力、沟通技巧以及解决问题的能力。这种教学方法旨在通过小组活动促进学生之间的相互学习,鼓励他们分享知识、观点和学习策略。在实施合作学习时,教师需要精心设计教学内容和学习活动,确保每个学生都能在小组中发挥作用。教师的角色从传统的知识传授者转变为引导者和协调者,他们不仅要提供必要的学习资源,还要监督学生的合作过程,确保每位学生都能有效参与。

---

[1]　金正梅."合作学习"教学法在普通高校健美操选项课上应用效果的实验研究[J].湖北科技学院学报,2015,35(8):197-199.

二、合作学习教学法的理论基础

合作学习教学法在大学语文教学中的有效性建立在坚实的理论基础上。最近发展区理论、群体动力学理论、自我效能理论等共同构成了这一教学方法的理论支撑。

（一）最近发展区理论

最近发展区理论是心理学家维果茨基提出的，对教育特别是合作学习的理解和实践有着深远的影响。这一理论的核心概念是学生的学习最有效时发生在他们的"最近发展区"内，这是一种理论上的学习空间，位于学生当前能力与其在适当支持下可达到的潜在能力之间。在这个区域内，学生面临适当的挑战，这些挑战既不会太容易而导致无聊，也不会太难而造成沮丧。在最近发展区内，教师和同伴的角色都非常重要。他们提供必要的支持和指导，帮助学生克服挑战，实现潜在的学习成长。这种支持可以是直接的指导、提供提示，也可以是通过提问引导学生自己发现答案。最近发展区理论强调学生通过与他人的互动来建构知识，这种互动可以激发学生的内在动机，促进他们自主学习。在适当的挑战和支持下，学生能够探索新的概念，发展高级思维技能。

在合作学习中，学生通过小组合作来达成共同的学习目标。在这个过程中，学生可以互相帮助，共同解决问题，这样的小组互动正是最近发展区理论的实践体现。小组成员之间的互助和协作可以帮助彼此达到个人的最近发展区，从而实现更高层次的学习。

（二）群体动力学理论

群体动力学理论为合作学习教学法提供了理解小组内部互动的重要视角。运用这一理论，教师和学生可以更有效地组织和管理小组活动，确保每个小组成员都能积极参与并从中受益。

群体动力学理论强调小组成员之间的互动。这些互动包括沟通方式、决策过程、角色分配和解决冲突的方式等。在合作学习小组中，成员之间的互动应该是开放、尊重和支持的。小组凝聚力对合作学习的实施起着重要作用。高凝聚力的小组通常更能有效地合作，因为成员之间建立了信任关系，共同致力实现团队目标。在每个小组中，成员都会自然形成或被分配不同的角色，如领导者、记录员、发言人等。明确和适当的角色分配有助于提高小组合作效率，确保所有成员都能参与并贡献自己的力量。

集体决策是群体动力学中的一个关键环节。在合作学习中，小组需要共同讨论、分析信息并做出决策。有效的集体决策过程可以增强成员对团队决策的认同感和责任感。

群体动力学理论对合作学习教学法来说起着基础性作用。教师可以通过观察和指导帮助学生识别和优化小组内的动力关系，也可以通过团队建设活动和角色扮演练习来增强小组的凝聚力和合作效率。

（三）自我效能理论

自我效能理论在合作学习中占据重要地位，因为它直接关系到学生的学习动机、参与度和学习成效。在合作学习中增强学生的自我效能感，可以使学生更积极、更有效地学习。

自我效能是指个体对应对或处理内外环境事件的效应和有效性。[1] 自我效能影响个体的思维模式、情感反应以及面对挑战时的行为。高自我效能的个体更有可能面对困难时坚持不懈，相信自己能够克服挑战。在合作学习的背景下，自我效能的培养对学生的学习成效至关重要。当学生在小组活动中取得成功时，他们就会提升自我效能感，从而增强完成学习任务的信心。这种自信不仅增强了个人的学习动机，也提高了他们在小组中的参与度。在小组活动中，成员之间的互助和支持可以显著提

---

[1] 杨沉. 影响的焦虑：基于新媒介影响的阅读考察[M]. 芜湖：安徽师范大学出版社，2018：1077.

高个体的自我效能感。例如，当一个学生在小组中提出自己的观点并被其他成员认可时，他对自己的沟通能力和学习能力的信心会得到增强。同样，小组内的互相鼓励和积极反馈也可以增强个体的自我效能感。教师在增强学生的自我效能感中扮演着关键角色。通过给予正面反馈、设置可实现的目标和鼓励学生克服挑战，教师可以帮助学生建立和维持强烈的自我效能感。此外，教师也可以通过设计需要团队合作和个人贡献的活动来增强学生的自我效能感。

三、合作学习教学法的特点

合作学习教学法具有自主性、实践性、过程性和开放性的特点（如图 6-5 所示），能够为学生提供一个良好的学习环境，使他们在互助合作的氛围中全面发展。

图 6-5　合作学习教学法的特点

（一）自主性

自主性在合作学习教学法中起核心作用，特别是在培养学生的独立思考和自我管理能力方面。在合作学习中，学生不仅是知识的接受者，还是积极的参与者和决策者。他们在小组内部担负规划学习活动、设定目标和时间管理的责任。例如，当小组被赋予一个分析特定文学作品的任务时，小组成员需要共同决定分析的方法、讨论的重点及完成任务的步骤。这可以让学生在学习过程中获得更多的控制权，使他们学会如何协作规划、分配任务和评估进度。这些技能在学生未来的学习中发挥着关键作用。

（二）实践性

实践性是合作学习的另一个显著特点，它强调通过实际操作和实践活动来增强学习效果。在大学语文教学中，学生应通过小组合作来直接参与文学分析、创作练习和语言应用。这种实践活动可以使学习过程更加具体和生动，能帮助学生将抽象的理论知识应用于实际情境。例如，在进行文学作品分析时，学生可以通过小组合作来深入探讨作品的主题、风格和背景。通过这种方式，他们不仅能够更好地理解文学理论，还能掌握用这些理论分析具体作品的方法。在写作练习中，学生可以通过小组合作编写短剧或故事，这不仅提升了他们的写作技能，也增进了他们对不同文学风格的理解。这种实践性的学习方式能够使学生在真实的语境中发展自己的语文技能。这样，学生在合作中学习，在互动中成长，为未来的发展打下了坚实的基础。

（三）过程性

过程性的特点强调学习过程本身，而非仅仅关注最终结果。这一特点认可学习过程中的每一步都是学生认知和技能发展的重要组成部分。在大学语文教学中，教师应鼓励学生参与学习活动的每个阶段，包括规划、执行、监控和反思。例如，在分析一部小说的合作学习活动中，学生不仅要关注最终的分析报告，还要关注讨论过程中的互动、信息的搜集和整理以及如何将不同观点融合到最终的分析中。在这个过程中，他们可以学会如何在团队中工作，如何管理时间和资源，如何对自己的学习进行反思和评估。

（四）开放性

合作学习教学法的开放性特点强调为学生提供一个自由表达思想、探索新观点和接受不同文化背景知识的环境。在大学语文教学中，开放性体现在教学方法和内容的多样性上。例如，教师可以设计多种类型的学习活动，如角色扮演、辩论等，允许学生从多个角度探讨文学作品，提出新的分析和解释。在这种教学环境中，学生可以提出新想法，对传统观点进行分析，并与来自不同文化背景的同伴交流和学习。开放性还意味着学生要接受不确定性和复杂性。在合作学习的环境中，学生学会在面对复杂和模糊的问题时保持开放的心态，探索多种可能的答案。这种思维方式对理解多层次的文学作品和复杂的语言现象具有重要作用。开放性特点也要求学生具有全球视野和跨文化理解能力。通过讨论来自不同文化背景的文学作品，学生能够加深对世界多样性的理解，同时培养自己的全球意识。

四、合作学习教学法在大学语文教学中的具体实施

合作学习教学法在大学语文教学中的应用是对传统教学方法的重要补充和创新。该方法侧重通过小组合作和互助来促进学生的学习和理解。在大学语文教学中，合作学习教学法的实施能够加深学生对文学作品的理解，提高他们的沟通能力。

（一）小组合作学习结构的设计

在大学语文教学中，合作学习教学法的实施关键在于有效设计小组的结构。教师在组建小组时，应考虑学习任务的特性和学生的水平，以组建适应教学内容和学生需求的小组。

小组成员要具有多样性。教师可以将来自不同专业背景的学生放在同一小组中，以引发多元化的讨论。这种跨学科的结合，特别是在分析

文学作品时，能够使学生获得更深层次的理解和认识。小组的组成还可以根据课程的具体需求进行调整。例如，在分析古典文学作品时，可以考虑加入文学专业、历史专业的学生，以便更全面地探讨作品的历史和文化背景。在进行创意写作或现代文学分析时，可以在小组内加入有文学、艺术背景的学生，以促进不同思维的碰撞和融合。

（二）基于项目的合作学习任务

在大学语文教学中，基于项目的合作学习任务能够有效提高学生的参与积极性和学习效率。教师应设计与课程内容紧密相关的项目，鼓励学生团队合作，让每位成员提出自己的见解。这种方法能够让学生在实践中深入探索和理解文学作品，增强学生的团队协作能力。

在这样的项目中，学生需要合作决定研究的方向、分配任务、共同讨论和解决问题。这种基于项目的合作学习能够使学生从不同角度深入理解文学作品，培养他们创造性解决问题的能力，使他们学会在团队中有效沟通、分工协作、共同承担责任。教师可以通过定期的进展检查和反馈会议来指导和支持学生的项目工作，确保学习目标的达成。

（三）互动式教学环境的创建

为了提升合作学习的效果，教师需要创造一个互动式教学环境。在大学语文教学中，这样的环境可以极大地提升学习效果，因为这种环境可以促使学生积极参与合作学习，激活学生的思维。

教师可以通过提出引导性问题、创设争议性话题等方式，激发学生思考和讨论。在讨论过程中，教师的角色应是引导者和协调者，而不再只是信息的传递者。这种开放式讨论不仅有助于学生深入理解文学作品，还能锻炼他们的沟通技能。教师需要建立一个相互尊重和理解的学习氛围。这意味着每个学生的意见都应得到重视，同时鼓励学生在讨论中相互倾听、理解和尊重。这种氛围有助于学生更加自信地分享自己的观点，并尊重他人的想法，从而进行更深层次的学习和交流。

（四）评估与反馈机制的建立

在大学语文教学中实施合作学习教学法时，建立有效的评估与反馈机制尤为重要。教师需要定期评估学生的学习进度和小组合作效果，并提供具体、建设性的反馈。

评估应当全面，不仅关注学生的学术成果，如文学作品的分析和理解，还应涉及团队合作和个人在小组中的贡献。这要求教师观察和评价学生在团队中的互动、沟通方式以及他们如何制定和实现共同的学习目标。例如，教师可以通过小组展示、报告或其他形式的成果展示来评估学生的表现。同时，通过观察小组讨论和查看学生的自我反思报告，教师可以了解学生在团队协作中的表现。另外，反馈的提供应当及时且具体。教师的反馈不仅要指出学生的成就和不足，还应强调团队合作的优点和需要改进的地方。这种反馈可以帮助学生在未来的学习中做出改进。

第四节　情境教学法

情境教学法通过创造丰富、真实的学习环境，不仅提高了教学效果，还激发了学生的学习兴趣。这种方法强调在真实或模拟的情境中学习，使学生通过体验和互动来获得更好的学习效果。

一、情境教学法概述

情境教学法是指在教学过程中，教师有目的地引入或创设具有一定情绪色彩的、以形象为主体的、生动具体的场景，以引起学生一定的态度体验，从而帮助学生理解教材并使学生心理机能得到发展的方法。[①] 其核心是将学习内容置于具体且富有意义的情境中，使学生在实际或模拟

---

① 秦怀玉. 职业院校语文教学模式理论与实践[M]. 天津：天津大学出版社，2014：181.

的环境中进行学习。这种教学法不仅提供知识点，还重视学生对这些知识的深入理解和应用。情境教学法强调学习环境的现实性和相关性。通过创造一个与学生的真实生活经验相关联的学习环境，学生能够更自然地吸收和理解教学内容。例如，在探讨古代文学作品时，教师可以营造一个古代的文化背景，帮助学生更好地理解和体验那个时代的文学特色。情境教学法的实施要求教师在教学过程中充分利用多媒体工具和方法、使用多媒体工具、实地考察等都是教师常用的手段。这些教学工具和方法能够激发学生的学习兴趣，增强他们的学习动力。情境教学法还强调学生的主动参与和体验。与传统的教学模式相比，它更重视学生在学习过程中的主动探索和实际操作。学生在这样的教学环境中不仅是知识的接受者，还是积极的参与者，可以通过亲身体验加深对知识的理解。

在大学语文教学中，情境教学法特别适用于文学、语言和文化教学。将学习内容放置在适当的文化和历史背景中，学生能够更全面地理解文学作品的深层含义，掌握语言的精髓，同时对文化背景有更深入的认识。

二、情境教学法的理论基础

情境教学法深植于几个关键的教育心理学理论，这些理论共同支持着情境教学法在大学语文教学中的应用。

（一）建构主义学习理论

建构主义学习理论在情境教学法中扮演着核心角色，其核心观点是学生不是被动地接受知识，而是在与环境的互动中主动地建构和理解知识。在这个理论框架下，学习被视为一个主动建构知识的动态过程，学生通过自身的经验和探索来获取知识。这种学习方式强调学生的主动参与和个体差异，认为知识的建构是个人经验和认知结构相互作用的结果。在大学语文教学中，建构主义学习理论的应用意味着教师需要设计能够激发学生探索欲望的学习活动。例如，教师需要引导学生通过分析不同时期的文学作品，自主探索作品背后的历史、文化和社会背景。通过这种方式，学生可以更好地理解和掌握所学知识。建构主义学习理论还强调学习过程中错误的价值。在这一理论指导下，错误被视为学习的重要组成部分。教师允许学生在学习过程中犯错并从错误中学习，这有助于学生建立更加稳固的知识结构。

（二）社会文化理论

社会文化理论认为学习不是独立的，而是在社会和文化环境中发生的。学生在与他人的互动中学习，该互动通常发生在具有共同文化和语言背景的社会环境中。在大学语文教学中，学习不仅是个人的认知过程，还是社会和文化的共同建构过程。例如，当学生分析一部文学作品时，他们不仅要理解作品的语言和结构，还要了解它背后的文化和创作背景。这需要他们与同伴、教师进行深入的交流和讨论。通过交流和讨论，学生能够更全面地理解和掌握所学知识，提高解决问题的能力。

（三）经验学习理论

经验学习理论认为学习是体验、反思、概念化和实践循环往复的过程。在这个框架下，学生通过亲身体验和参与活动获得具体经验，然后通过反思这些经验，形成抽象的概念，最后将这些概念应用于新的情境中，进行实践。经验学习理论主张教师不仅要传授文学理论和语言知识，还要提供实际体验的机会，如模拟古代文学场景、进行文学创作或批判性分析。通过这些活动，学生不仅能够获得关于文学作品的第一手体验，还能够通过实践活动加深对文学作品的理解。反思是经验学习理论中的关键环节。在大学语文教学中，学生在参与活动之后应反思自己的学习过程。例如，在完成一个文学创作项目后，学生应反思自己如何应用特定的技巧表达自己的想法。经验学习理论还强调将理论知识应用于新情境。通过将所学的文学理论应用于不同类型的文学作品分析和创作中，学生能够更好地理解和内化这些理论，从而提高文学素养。

（四）情境认知理论

情境认知理论认为学习不仅是认知过程的结果，还是与特定情境密切相关的活动。在这种理论框架下，知识被视为与实践活动、文化背景和使用情境是紧密相连的。情境认知理论认为大学语文教学不仅要关注知识的传授，还要关注学生如何在特定的文化和语言情境中应用这些知识。例如，教师可能会设计一系列基于不同历史时期或文化背景的教学活动，让学生在具体的情境中学习和体验不同的文学风格和语言表达形式。情境认知理论还强调学生在真实或模拟的情境中的体验。通过体验真实或模拟的情境，学生能够更好地理解文学作品的社会和文化背景以及作品的语言风格。例如，通过模拟一次古代文学沙龙，学生可以更深入地理解古代诗歌的创作背景和文化意义。

三、情境教学法在大学语文教学中的应用原则

情境教学法在大学语文教学中的应用遵循一系列原则（如图 6-6 所示），这些原则旨在确保教学的有效性和实用性，同时促进学生对语文知识的深入理解。

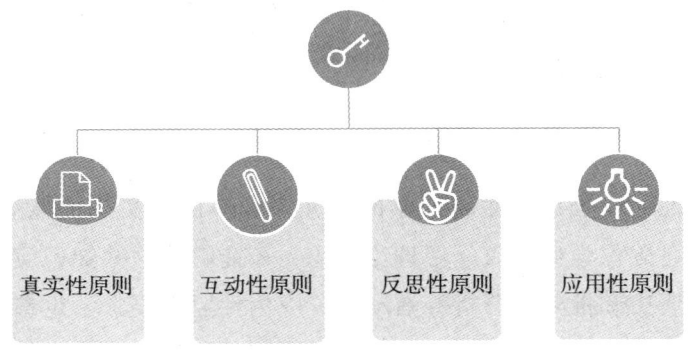

图 6-6　情境教学法在大学语文教学中的应用原则

(一)真实性原则

真实性原则强调创造与学生现实生活紧密相关的学习环境。这种环境促使学生将学习内容与他们的日常经验和实际情境联系起来,从而提高学习效率。在大学语文教学中应用情境教学法,教师应遵循真实性原则,结合当代社会中的语言使用情况和文学作品开展教学活动,从而让学生更好地理解语文知识在现实世界中的应用。

(二)互动性原则

互动性原则强调学生在学习过程中积极交流与合作。在大学语文教学中,学生可以通过参与小组讨论、互动式讲座及合作项目,探讨文学作品的主题、风格等。这种互动不仅促进了学生对语文知识的理解,也培养了他们的沟通能力和团队合作精神。互动性原则的核心在于通过参与和交流使学习过程更加生动,从而增强学生的学习动力。

(三)反思性原则

反思性原则要求学生在学习过程中进行深入的反思,以更好地理解和掌握所学内容。反思不再限于对学习材料的理解,而是延伸到如何将这些知识与个人经验和未来应用相结合。这可以使学生更全面地理解语文知识,同时提高他们的自我评价能力。

(四)应用性原则

应用性原则强调学生将所学的语文知识应用于实际情境的必要性。它的目的是确保学生不仅学习理论知识,还能够将这些知识应用于实际的写作、演讲和批判性分析等活动中。应用性原则要求学生参与到具体的文学项目和语文应用任务中,在实践中将理论知识转化为技能。这不仅提高了教学的实用性,还促进了学生应用能力的发展。

四、情境教学法在大学语文教学中的具体实施

情境教学法在大学语文教学中的具体实施涉及将理论融入实践的多个方面，旨在创造一个良好的学习环境，通过具体情境来增强学生对语文知识的理解和应用能力。

（一）创设真实的情境

教师在情境的创设中要注重学生的合作学习，通过创设情境，最大限度地实现教学资源的优化与整合，帮助学生编辑与整理，拓展学生的思维，培养学生的合作能力，陶冶其情操。[1] 在情境教学法的实施中，创建一个真实的教学环境对大学语文教学来说是首要的。这种教学环境旨在通过模拟真实的情境，为学生提供更好的学习体验。通过这种方式，学生不仅能更好地理解文学作品的主题，还能更深刻地体会作品的情感。为创设这样的教学环境，教师可以利用多种工具和方法，来重现文学作品的特定时代、地点和氛围。这样的教学环境不仅增加了学习的趣味性，还激发了学生的想象力和创造力。通过身临其境地体验文学作品，学生能够更加深入地理解文学语言的美学特征和文学作品的深层含义。真实的教学环境还有助于增强学生的批判性思维和分析能力。在一个近乎真实的文学环境中，学生能够更好地分析文学作品，理解作品的多重意义，并将其与现实世界联系起来。

（二）整合文学作品与现实生活

整合文学作品与现实生活要求教师在教学过程中把文学作品放入现实生活的背景中，使学生将学到的文学知识与他们自己的生活经验、社会现象和文化环境联系起来。这样的教学方法使文学作品不仅仅是研究

---

[1] 朱淑娟.情境教学法在大学语文教学中的运用研究[J].吉林工程技术师范学院学报，2018，34（5）：37-39.

对象，还成了反映现实世界的一面镜子。在这种教学模式下，文学作品的分析和讨论不再聚焦文本本身，还扩展到了文学作品如何反映和影响社会现状、文化趋势和人类行为。例如，教师可以引导学生探讨某个时期的文学作品如何反映当时的社会问题，或者现代文学如何表现当前的文化现象。通过这样的整合，学生能够更加深入地理解文学作品的背景、主题和意义，同时也能够提高他们的分析能力和对文学的欣赏能力。

第五节 翻转课堂教学法

翻转课堂在当今教育领域引起了广泛关注。它通过改变传统教学模式中教师和学生的角色，提升了学生在学习过程中的主动性和参与度。在大学语文教学中，这种方法不仅提高了学生的课堂参与积极性，还提高了他们对文学作品的理解和分析能力。

一、翻转课堂教学法概述

翻转课堂译自"flipped classroom"或"inverted classroom"，也可译为"颠倒课堂"，是指重新调整课堂内外的时间，将学习的决定权从教师转移给学生。[①] 当前，翻转课堂教学法作为一种新的教育方法，在全球范围内被广泛采纳和实践。它的核心理念是将传统教学模式中的课堂讲授和家庭作业环节颠倒过来，从而改变了学生和教师在教学过程中的角色。使用这种方法的目的是提高学生在课堂上的参与度，增强他们的自主学习能力，并提升整体的教学效果。

在翻转课堂中，课堂内外的教学时间被重新调整。学习的决定权不再属于教师，而是由学生来掌握。学生在课堂教学开始前和课堂教学结束后，可以通过观看视频讲座、阅读电子书等方式学习，还能通过网络

---

① 文倩. 翻转课堂的教育心理学基础探析 [J]. 课程教育研究（学法教法研究），2018（16）：43-44.

与其他同学进行讨论，随时查阅自己需要的材料。在课堂上，教师不再消耗大量的时间进行信息的讲授，学生也能够专注学习活动的开展。教师能够有更多的时间与学生一起交流、研究、解决问题，从而使学生对知识有更深层次的理解。在这种模式下，学生自主规划学习节奏、学习内容、学习风格和呈现知识的方式，教师则采用讲授法和协作法来帮助学生进行个性化学习，最终目的是通过实践活动保证学生学习活动的真实性。翻转课堂是对传统课堂教学结构与教学流程的彻底颠覆，由此引发了教师角色、教学模式、管理模式等一系列变革。

翻转课堂突破了传统教育的局限，使得学习变得更加灵活。它要求学生积极参与学习过程，自主掌握知识，并在课堂上通过交流和合作深化理解。这种方法不仅增强了学生的学习体验，还提升了他们的独立思考能力。

二、翻转课堂教学法的理论基础

翻转课堂教学法融合了多个理论，包括建构主义学习理论、自主学习理论、认知心理学理论以及技术整合理论。

（一）建构主义学习理论

建构主义学习理论的核心在于认知过程是主动建构的。在这种理论的指导下，翻转课堂强调学生在学习过程中的主导地位，鼓励学生通过个人经验、先前的知识和新信息之间的互动来构建自己的认知和理解。在翻转课堂中，学生不再是知识的被动接受者。相反，他们在课堂之前通过观看视频、阅读材料或参与互动式学习活动等方式，主动探索和理解新知识。这种自主学习方式能够使学生根据自己的学习节奏和风格来理解信息，从而在课堂上更加专注分析和评估所学知识。建构主义学习理论还强调学习过程中的互动和协作。在翻转课堂中，学生不仅可以单独进行课前学习，还可以在课堂上与同伴和教师进行深入的讨论和合作。

通过这种互动和协作，学生能够从不同角度理解知识，提升认知水平，增强社交技能和团队合作能力。

（二）自主学习理论

自主学习理论强调学生在学习过程中的自主性和主动性。这一理论的实施有助于学生学会自我驱动和自我调节，从而在学习方面取得更大的成功。在翻转课堂中，学生被赋予了更多的责任和控制权来管理自己的学习过程。课前的自主学习要求学生在没有教师直接指导的情况下，独立完成阅读、观看教学视频或进行其他形式的预习。这种学习方式促使学生在上课前就对学习内容有所了解和准备，从而使课堂时间更加高效地用于深入探索、讨论和应用学习内容。自主学习理论还强调学生对自己的学习进行反思和评价，以明确自己的学习需求，设定个人学习目标，并采取相应的策略来达成这些目标。在翻转课堂中，学生的这种自我管理和自我评价能力尤为重要，因为它们直接影响学生的课前、课内学习效果。自主学习理论也强调学生对学习资源的选择和利用，翻转课堂通过提供多样的学习材料和资源，给予学生更多的选择空间，使他们能根据自己的兴趣和需求选择最适合自己的学习方式。这种灵活性和个性化的学习途径有助于提高学生的学习兴趣和动力，使学习变得更加愉快和有意义。

（三）认知心理学理论

认知心理学理论强调学习过程不仅仅是信息的简单吸收，还是对信息进行加工、理解和内化的过程。在翻转课堂中，学生在课前通过自学获取信息，对信息进行初步加工和理解。随后，在课堂上通过深入讨论、实践活动和问题解决，学生能够对这些信息进行更深层次的加工，从而促进了长期记忆的形成和理解的深化。

认知心理学理论还关注信息的组织和策略运用。翻转课堂允许学生在课前自主地组织和处理信息,他们可以采用不同的学习策略,如概念图绘制、总结归纳、提问等方式,加深对学习内容的理解。这些学习方式不仅提高了信息处理效率,也提高了学生的问题解决能力。

(四)技术整合理论

技术整合理论注重如何有效地将现代技术融入教学,以提高学生的学习效果。在翻转课堂中,在线视频、电子书籍等被广泛用于提供课前学习材料。这不仅使学习资源更加丰富,还增强了学习的灵活性,使学生能够根据自己的时间和地点进行学习。技术整合还包括利用技术来促进学生的互动和合作。例如,通过在线论坛和社交媒体平台,学生可以在课堂外继续讨论和分享想法,从而打破了课堂的束缚。同时,现代技术的应用能够使教师更好地追踪学生的学习进度和表现,为他们提供个性化的指导。

三、翻转课堂教学法的特点

翻转课堂教学法具有一定的特点(如图 6-7 所示),这些特点不仅体现在教学方法的改变上,还表现在对学生学习过程的深刻影响上。

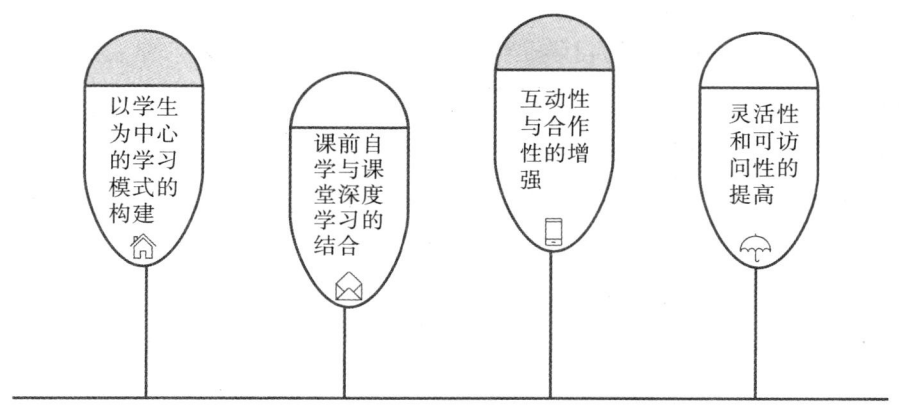

图 6-7 翻转课堂教学法的特点

（一）以学生为中心的学习模式的构建

以学生为中心是翻转课堂教学法的显著特点之一，这种教学方法彻底改变了传统教学中教师和学生的角色。在翻转课堂中，学生被置于学习过程的核心，他们不仅仅是被动接收信息的对象，还成为学习的主导者和参与者。这种以学生为中心的模式可以使学生在学习过程中发挥更大的主动性和自主性。在教学中，学生需要自行规划和管理他们的学习过程，包括在课前独立完成学习任务和在课堂上主动参与讨论。这不仅增强了学生的自我管理能力，也促进了他们对学习内容的深入理解。

在这种模式下，学生的问题解决能力得到显著提升。在课堂上，学生可以提出问题，并与同伴进行深入的讨论，以对课前学到的知识进行深入的分析和应用。这种互动和探索的过程不仅加深了学生对学习内容的理解，还培养了他们解决问题的能力。另外，每个学生都有自己独特的学习风格，翻转课堂允许学生根据自己的需求和兴趣来调整学习路径和节奏。这种个性化的学习更加符合学生的个体需求，有助于提高学生的学习效率。

（二）课前自学与课堂深度学习的结合

在翻转课堂中，课前自学是学习的基础阶段。学生在课堂之前通过观看视频讲座、阅读指定材料或参与其他形式的在线学习，以此来获取基础知识和理论概念。这个阶段的学习通常是自主的，学生可以根据自己的时间进行。这种灵活性使得学生能够在没有时间压力的情况下理解新知识，为课堂上的深入学习打下坚实的基础。

在课堂上，教师的角色转变为指导者和协助者。教师通过设计各种活动，如小组讨论、案例分析、模拟演练等活动，帮助学生将课前学到的理论知识应用于实践，进一步加深对这些知识的理解。课堂活动的设计旨在促进学生创新能力和应用能力的发展。将课前自学与课堂深度学习相结合，可以使课堂时间被更加高效地利用。在传统的教学模式中，大量的课堂时间被教师用于传授基础知识，而在翻转课堂中，基础知识的学习在课前就已完成，学生在课堂上就可以专注内容探索和技能训练。

（三）互动性与合作性的增强

互动性与合作性的增强是翻转课堂的另一个显著特点。翻转课堂可以为学生提供更多的互动机会，使学生之间、学生与教师之间实现有效交流与合作。

在翻转课堂中，学生在课堂上积极参与小组讨论、同伴教学和协作项目。这些活动让学生有机会分享自己的见解，听取并评价同伴的观点。通过这种互动，学生不仅能够从不同的角度理解学习材料，还能够培养团队合作意识和沟通能力。例如，在小组讨论中，学生需要学会有效地表达自己的想法，同时学会倾听和尊重他人的意见。翻转课堂也增强了学生与教师之间的互动。在这种模式下，教师转变为指导者和协助者，通过提问、反馈和指导，帮助学生更深入地探索课程内容。此外，教师还可以根据学生在课前自学的表现，为他们提供个性化的指导。当学生在小组内共同工作时，他们不仅能够相互学习，还能够相互激励。这样不仅有利于培养学生的责任意识，还使他们积极参与到学习过程中。

（四）灵活性和可访问性的提高

在翻转课堂中，灵活性体现在学生能够自主安排课前学习时间和地点。通过在线视频、数字化阅读材料、互动平台等，学生可以在任何时间和地点进行学习，从而获得更好的学习效果。这种灵活性对有兼职工作、家庭责任或其他课外活动的学生尤为重要。可访问性的提高则是指教育资源的普及和易获取。在线资源的使用，如教学视频、电子书籍、网络文章等，确保了所有学生在需要时访问到这些资源。这种普遍的可访问性对于居住在偏远地区或资源有限的学生来说，极大地丰富了他们的学习内容。灵活性和可访问性的提高还与多样化的工具使用有关。例如，通过在线教育平台、社交媒体和学习管理系统，学生可以随时参与课堂讨论，提交作业，甚至与教师进行实时交流。这些工具不仅为学生提供了更多的学习方式，还增加了学习过程中的互动性。

四、翻转课堂教学法在大学语文教学中的实施原则

翻转课堂教学法在大学语文教学中的实施原则是确保这一教学模式有效运行的关键。以下是翻转课堂实施的几个主要原则（如图6-8所示）。

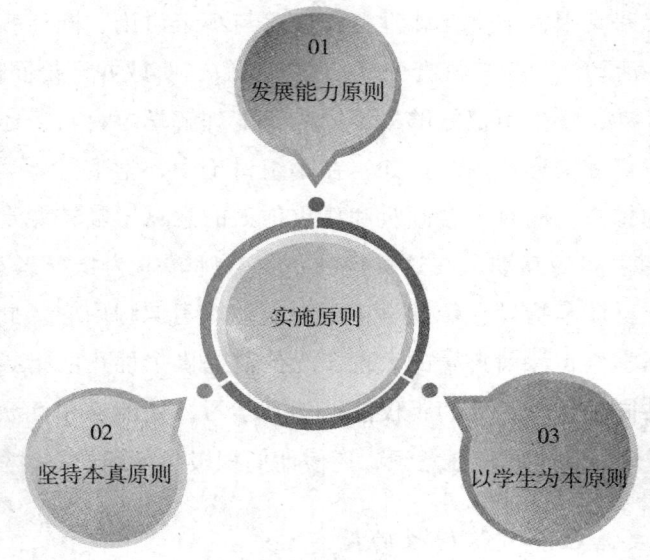

图6-8 翻转课堂教学法在大学语文教学中的实施原则

（一）发展能力原则

在翻转课堂中，应用发展能力原则的主要目的是培养学生的综合能力，使他们在今后的学习中独立思考和创新。通过这种方法，学生不仅学习了语文知识，还提高了分析、解决问题的能力。具体来说，发展能力原则要求教师从单纯的知识传授者转向注重学生技能培养的

指导者。例如，课前的视频学习和课堂上的讨论互动可以调动学生各方面的学习机能，真正营造听说读写能力相互交融、相互联系的教学场景。又如，在探讨文学作品时，不仅仅是讲述其历史背景和文学价值，更重要的是引导学生深入理解作品的主题、风格和技巧以及如何将这些理解应用于自己的创作中。教师可以设计一系列活动，如模拟文学批评、小组讨论、创作研讨会等，来激发学生思考。通过这些活动，学生不仅能够更深入地理解文学作品，还能学会将所学知识和技能应用于实际情境。发展能力原则还强调学生能够适应不断变化的社会环境。这有助于学生在未来的学习中进一步成长。

（二）坚持本真原则

坚持本真原则在翻转课堂的实施中要求教师将教学内容与学生的实际生活相联系，从而提升学习的吸引力。

在分析和讨论文学作品时，学生可以将自己的生活经验与作品内容相联系，探讨文学作品如何反映自己的生活和社会现实。这不仅增加了学习材料的吸引力，还有助于学生更深入地理解文学作品。另外，教师应选择那些能够引起学生共鸣的教学内容，如与当前社会议题相关的文学作品或那些能够激发学生探索和讨论的主题。这一原则不仅能提高学生对文学的兴趣，还能使他们将学习内容应用于实际情境中，从而提高教学的实用性。

（三）以学生为本原则

以学生为本原则要求教师着重了解每位学生的独特需求、兴趣和学习风格，从而创造一个宽松、和谐的学习环境。这一原则的实施意味着教师要认真倾听学生的反馈，理解他们的学习难点，同时关注他们的兴趣和优势。基于这些信息，教师可以调整教学策略，设计更具吸引力和挑战性的学习活动，以激发学生的学习兴趣。例如，如果一部分学生对某一文学作品特别感兴趣，教师可以围绕这一作品进行设计探讨和创作活动。另外，教师还需要提供多样化的教学资源，以适应不同学生的学习方式。例如，一些学生可能更喜欢通过视频材料学习，另一些学生可能更倾向通过小组讨论来学习。教师可以提供多种学习方式，确保每个学生都能以最适合自己的方式参与学习。

五、翻转课堂教学法在大学语文教学中的具体实施

翻转课堂教学法在大学语文教学中的具体实施是一个涉及多方面的复杂过程，应注意以下几个方面。

（一）课前自学材料的设计

课前自学材料的设计是翻转课堂教学法在大学语文教学中得以实施的关键一环。翻转课堂教学法的核心在于将传统的课堂教学和学生的自主学习相结合，从而创造一个互动性和参与性强的学习环境。在这个过程中，课前自学材料的设计尤为重要，因为它为学生在课堂上的深入学习奠定了基础。

课前自学材料应该覆盖课程的核心概念和理论。这需要教师深入了解教学内容，并从中挑选出关键的信息和概念。例如，在文学课程中，教师可能需要准备有关文学流派、重要作品、文学理论等方面的资料。这些材料应该以清晰、精准的方式呈现，确保学生能够在课前阶段就建立对核心概念的基本理解。课前自学材料需要引人入胜，以激发学生的学习兴趣。这不仅需要内容丰富，还需要呈现方式新颖和有吸引力。视频讲座、在线互动课件设计应该具有较强的教育性，又具有趣味性。例如，视频讲座不仅可以通过直观的图像解释复杂的文学理论，还可以通过故事讲述的方式吸引学生；在线互动课件可以通过问题和答案的形式，让学生在探索中学习。

在文学课程的具体设计中，课前自学材料包括文学作品的背景介绍。

背景介绍不仅包括文学史的知识，还包括作品的社会文化背景。例如，对于一部反映战争的小说，教师可以提供有关当时历史背景的资料。此外，作者生平也是课前自学材料的重要组成部分。了解作者的生平、创作动机等，可以帮助学生更深入地理解文学作品的含义。

（二）课堂内的互动和深入学习

在翻转课堂教学模式下，一旦学生在课前完成了基础学习，课堂就成为深化和扩展这些知识的关键阵地。其核心在于将学生从被动的知识接受者转变为积极的知识建构者，而教师也应从传统的讲授者转变为辅导者和引导者。

在翻转课堂教学模式中，课堂内的互动和深入学习成为教学的中心。通过小组讨论，学生可以在同伴之间分享自己的见解，探讨不同的观点，从而促进对文学作品的深入理解。这种互动不仅提升了学生的社交能力，还培养了他们的团队合作精神和共同解决问题的能力。文学作品的深入分析是另一个重要的课堂活动。这种分析应深入作品的文化和历史背景以及其对当代社会的意义。教师可以引导学生探讨作品的主题、结构、风格以及作者的意图等，以全面掌握和理解作品。

（三）以学生为主体

在翻转课堂中，以学生为主体开展教学活动是关键。这要求教师将学生置于学习过程的中心位置，强调学生的主动参与，让课堂成为学生探索、发现和建构知识的场所。在教学中，教师应充分考虑学生的兴趣、需求和学习风格，为学生提供多样化的学习资源和多种学习路径，以适应不同学生的需求。这可能包括提供多种阅读材料、视频资源以及组织互动活动，使学生根据自己的兴趣和节奏进行学习。以学生为主体意味着教师在课堂上转变为辅导者和引导者，其任务是引导学生进行深入探索和思考，提供必要的支持和资源，帮助他们克服学习过程中的难题，并鼓励他们进行自我反思和自我评估。这种方法有助于学生发展。

(四) 现代教育技术的有效应用

在翻转课堂中，现代教育技术的有效应用是不容忽视的，因为它极大地增强了教学的灵活性和互动性。应用现代教育技术不仅可以传递信息，还可以激发学生的学习兴趣，促进学生间的合作，以及提供多样化的学习途径。首先，在翻转课堂中，教师可以通过精心制作的视频向学生传达课程的关键概念和理论基础。视频的优势在于学生可以在任何时间和地点观看。而且，视频中的视觉和听觉元素有助于吸引学生的注意力，使学习过程更生动和有趣。其次，教师可以为学生提供分享观点、讨论课程内容的平台，如社交媒体、在线讨论平台等，让学生在这些平台上发布补充材料、发起讨论或提出问题，从而延伸和深化课堂学习。最后，教师要通过现代教育技术，为学生提供广泛的阅读材料，帮助他们深入理解教学内容。

(五) 动态评估和持续反馈

在翻转课堂中，动态评估和持续反馈对学生的学习举足轻重，其贯穿整个教学过程。它包括对学生课前自学材料的掌握情况、课堂参与程度和学习成果的持续监测和评价。

动态评估的一个关键方面是对学生的学习进展进行实时跟踪。这包括监控学生对在线学习资源的访问和互动，以及他们在课前准备工作中的表现。通过这些信息，教师可以了解学生在学习过程中取得的进步和遇到的挑战，从而及时调整教学策略，以便更好地满足学生的学习需求。反馈则应当及时，可以通过个人会谈、书面评论、在线交流等多种形式进行。教师的反馈应专注学生的强项和需要改进之处，提供明确的建议，帮助学生提高学习效率。

第七章 大学语文教学评价的创新

第一节 评价原则的创新

大学语文教学评价应遵循全面性、过程性、多元化、科学性和实践性五大原则（如图7-1所示），以建立一个更加全面、有效且符合现代教育理念的评价体系。

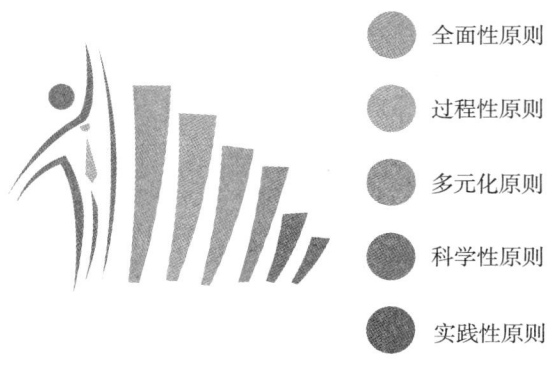

图7-1 大学语文评价原则的创新

一、全面性原则

全面性原则要求教师在评价过程中全面考虑学生的知识掌握、技能运用、情感态度和价值观等方面的情况。其应用要确保评价不是局限于对学生的知识水平的测量，而是更加注重学生能力的全方位发展。例如，在评价学生的文学作品分析时，不仅关注他们对文学理论的运用，还关注他们是否能从多个角度对作品进行深入解读，是否能表达个人独到的见解。

二、过程性原则

过程性原则在大学语文教学评价中占据着重要地位。它强调评价应关注学生的学习过程，而不仅仅是最终的学习成果。这一原则的核心在于认识到学习是一个连续的过程，学生在这个过程中的努力、进步和变化同样重要。坚持过程性原则，开展教学评价活动，教师应持续地、系统地记录学生的学习活动，包括他们的参与度、学习态度、作业完成情况和课堂表现，从而及时为学生提供反馈，帮助学生了解自己的学习状态，发现问题，并及时调整学习策略。例如，在学习一部文学作品时，教师不仅评价学生最终的分析报告，还关注他们在整个学习过程中的表现，如他们如何理解作品的主题、如何分析文学创作手法等。

三、多元化原则

多元化原则的核心在于教师要认识到学生的学习和表现是多方面的，并且每个学生都有其独特的学习方式和能力。因此，评价方法需要多元化，以适应不同学生的特点和需求。

在实施多元化原则时，教师应使用多种评价方法来评估学生的学习成果。这些方法可能包括传统的笔试和口试，还包括自我评价、同伴评价和教师评价等。这种多元化的评价方式可以使教师从不同角度了解学生的学习状况，帮助教师更准确地掌握每个学生的能力，也可以使学生更好地认识自己的优势和不足。

四、科学性原则

科学性原则要求大学语文教学评价必须基于科学的方法和标准，确保评价的有效性。科学性原则的核心在于使用客观、公正的方法来评估学生的学习成果，避免主观偏见。科学性原则要求评价标准和工具的选择必须基于教育理论和研究。这意味着评价方法应当以教育心理学和语文教学理论为基础，确保评价能够真实反映学生的学习成果。例如，选择评价工具时，教师需要考虑其是否能够准确测量学生对特定语文知识和技能的掌握程度。科学性原则还强调评价过程的系统性和规范性。这意味着评价要有明确的标准和程序。评价的每一个步骤，即从评价标准的制定到数据的收集和分析，都应当遵循科学的方法论。在实施评价时，教师应确保评价方法的一致性以及评价结果的可比较性和可复制性。科学性原则还要求评价过程透明。教师在评价时应明确告知学生评价的标准和目的以及如何根据评价结果进行自我改进。这种透明不仅有助于增强学生对教师的信任，还有助于学生更好地理解评价结果背后的意义。

五、实践性原则

实践性原则强调评价应紧密结合学生的实践活动，重视学生应用能力的评价。其核心在于将理论知识的掌握与应用能力的发展结合起来，确保学生不仅仅停留在理论知识的学习上，还能够将所学知识应用于实际情境中。

实践性原则要求教师的评价能够全面考量学生在实践中的表现。在大学语文教学中，这意味着评价不但要关注学生的理论知识掌握程度，还要关注他们如何将这些知识运用于写作、文学分析、演讲等实际活动中。例如，评价时可以考虑学生在文学创作、文学批评或口头表达中的表现。

第二节　评价指标的创新

在现代教育体系中，创新评价指标被视为提升教学质量和学生学习效率的关键。本节通过探索新的评价指标，构建一个更加全面和动态的评价体系，以适应快速变化的教育需求和学生需求。

一、语言运用能力的评价指标

语言运用能力的评价不仅关注学生的语法、词汇和句式等基本语言知识，还包括更为复杂的语言表达、逻辑构建和创造性应用。通过多元化的评价方法，教师能够全面了解学生的语言运用能力，并为学生提供针对性的指导和反馈，帮助他们在语文学习上取得更大的进步。这种评价方法不仅能够促进学生在学术上的成长，还能够促使他们在社会交往中更有效地运用语言。全面评价学生的语言运用能力，教师可以通过书面作业、口头报告、课堂讨论、实际语言应用情景等多种方式进行。每种方式都能从不同角度展现学生的语言运用能力，并帮助教师更准确地把握学生的语言水平。

（一）书面作业

书面作业是评价学生的语言运用能力的常见方式之一。通过分析学生的书面作业，教师能够了解学生对语法、词汇的掌握程度以及句式组建、篇章构建的能力。在大学语文教学中，教师可以要求学生完成不同类型的写作任务，如议论文、短篇小说、诗歌等不同体裁作品的写作。这些任务在考查学生基本写作技能的同时，能够评估他们在创造性写作、批判性写作以及研究性写作等方面的能力。通过这些不同类型的写作任务，学生可以展示他们对语言的深入理解和创造性应用。

（二）口头报告和课堂讨论

口头报告和课堂讨论也是评价学生的语言运用能力的重要方式之一。在口头报告和课堂讨论中，学生可以运用语言进行即兴表达。通过观察学生在这些活动中的表现，教师可以评估学生的语言组织能力、口头表达能力以及在公开场合进行沟通的能力。此外，这些活动还有助于培养学生的听力理解能力和批判性思维能力，因为他们需要在听取他人观点的基础上与他人交流。

（三）实际语言应用情景

在大学语文教学中，教师应引导学生将语言知识应用于现实生活中，如通过参与辩论、模拟会议、演讲比赛等活动，提升语言运用能力。通过这些活动，教师可以更好地评估学生的语言运用能力，掌握学生的语言水平。

二、文化理解与传承的评价指标

这一评价指标不仅关注学生对文学作品的理解能力，还涉及他们对文化遗产的认识、尊重和传承。在当今多元文化和全球化的背景下，强调文化理解与传承的重要性对培养具有国际视野和文化自觉的人才来说是十分必要的。

文化理解与传承的评价指标在大学语文教学中涉及多个方面。这些方面包括但不限于对经典文学作品的深入分析、对文化背景的掌握、对文化价值和意义的探讨等。在进行文化理解方面的评价时，教师需要关注学生对文学作品背后文化的理解程度。这不仅包括对作品的历史、地理、社会和文化环境的认识，还包括对作者的生平、创作动机和时代背景的了解。例如，分析古典诗词时，学生应能够理解诗歌中反映的历史背景、社会风俗和作者的情感世界。此外，对现代文学作品的分析则需要学生理解当代社会的文化趋势和变化以及作品如何反映这些文化现象。

在传承方面，评价指标应包括学生对传统文化的尊重和维护能力。这不仅是对经典文学作品的保护和推广，还包括对传统文化元素的现代诠释和创新应用。例如，学生可以通过现代文学创作、戏剧表演、电影制作等方式，将传统文化元素与现代艺术形式结合，从而使传统文化在当代社会中焕发新的生命力。

评价学生的文化理解与传承能力时可以采用多种方式。一种方式是通过书面作业，如论文、文学评论或创意写作，评估学生对文学作品的理解程度。另一种方式是通过口头报告或小组讨论，评价学生对文化知识的掌握程度。此外，实践活动，如文化展览、戏剧表演活动或社区文化项目，也是评价学生文化传承能力的有效手段。为了全面评价文化理解与传承能力，教师应鼓励学生从多元文化的角度审视和分析文学作品。这要求学生不仅研究本国文化，还关注世界各地的文化传统和文学作品。通过比较不同文化背景的文学作品，学生可以更深刻地理解文化多样性和文化间的影响。

三、学习态度与方法的评价指标

对学生学习态度和方法的评价要求教师不仅要关注学生的学业成绩，还要评价他们对学习的态度和方法。

在评价学习态度方面，教师需要关注学生对学习的热情、兴趣和动机。一个积极的学习态度通常体现在学生对学习内容的好奇、愿意接受挑战以及对学习的持续投入上。评价学生的学习态度可以通过观察他们在课堂上的表现、参与度以及他们对课外学习活动的态度来进行。例如，教师可以注意学生是否积极参与课堂讨论、是否对学习材料表现出兴趣以及他们是否主动探索与课程相关的拓展资源。评价学生的学习方法重点在于观察学生如何组织和规划他们的学习过程以及他们如何处理和吸收信息。有效的学习方法不仅包括合理安排学习时间和资源，还包括能够有效地从错误中学习和调整学习策略。对学生学习态度和方法的评价，一方面教师可以通过分析学生的作业、完成的项目进行，查看他们是否对学习材料有深入的理解；另一方面教师可以通过与学生的一对一交谈或反馈会议来了解他们的学习过程和策略。

在评价学习态度和方法的过程中，教师还应考虑学生的个体差异。每个学生的学习风格和优势各不相同，因此在评价过程中，教师需要对不同学生的个性化学习需求表示理解和适应。这可能涉及调整评价方法以适应不同学生的学习方式和节奏。

四、创新性思维的评价指标

创新性思维是指在传统思维模式之外进行思考，能够提出新颖观点、解决问题的能力，以及在已有信息基础上进行创造性思考的能力。在大学语文教学中，培养和评价学生的创新性思维能力不仅有助于他们在学术上取得成功，也对其未来发展有重大价值。

评价创新性思维的一个关键方面是观察学生如何处理和解释信息以及他们如何在此基础上进行创造性思考。在大学语文教学中，教师可以通过学生对文学作品的分析、对诗歌的创作或语言的独特表达方式等方面来评价学生的创造性思维。例如，学生在分析一部文学作品时，不仅要理解作品的基本内容和结构，还要提出对作品主题和形式的新颖见解，展现他们对文学作品的深层次理解和分析能力。评价创新性思维还包括评价学生在面对新问题或挑战时的思考方式。这涉及学生如何运用已有知识来探索未知领域以及他们如何在面对复杂问题时运用正确的解决策略。在大学语文教学中，教师可以设计开放性问题或项目，引导学生在解决问题或完成任务的过程中运用创新性思维。

评价方法的多样化也是评价创新性思维的重要方面。除了传统的书面作业和考试，还可以采用口头报告、创意写作、模拟演练等多种形式来评估学生的创新性思维。这些方法不仅能够激发学生的创造性，还能帮助教师从不同角度全面了解学生的创新性思维水平。

五、社会实践能力的评价指标

社会实践能力的评价不仅关注学生的学术成就,还重视他们在现实世界中应用所学知识的能力。这包括他们如何将语文学科的知识运用于社会互动、文化活动组织、公共事务参与等方面。例如,学生可以通过组织文化活动、参与公共演讲或者在社区服务中运用语言艺术来展示他们的社会实践能力。

在具体的教学评价中,可以采取多种方法来评价学生的社会实践能力。一种方法是通过项目式学习评价学生的社会实践能力。这些项目可以是与文化、社区发展相关的,如文学展览、诗歌朗诵会、社区改进项目等。通过参与这些项目,学生不仅能够将课堂上学到的理论知识应用于实际情境,还能够在实际操作中学习新的技能。评价学生的社会实践能力还应该关注学生的社区服务和实习经历。这些经历使学生有机会直接参与社会活动,将语文知识与实际工作相结合。在这个过程中,学生不仅能够提升自己的语文技能,还能够培养团队合作意识、领导力和社会责任感。

在实施这一评价指标时,教师应鼓励学生反思和评估自己的社会实践活动。这可以通过写作反思报告、进行口头陈述或参与小组讨论来实现。这种反思过程不仅有助于学生总结他自己的学习经验和教训,还能够帮助他们识别自己的优势和需要改进的地方。

第三节 评价方式的创新

当前,教育领域正经历快速变革,传统的评价方法已不能满足当前教育的需求。因此,有必要创新评价方式,从而更全面、更准确地衡量学生的语文学习成效,并激发他们的学习动力。在大学语文教学中,教师应创新评价方式,采取多元化的评价方式(如图 7-2 所示),通过这些多元化的评价方式，教育者可以更好地了解学生的学习进展，为学生提供更加丰富的学习体验。

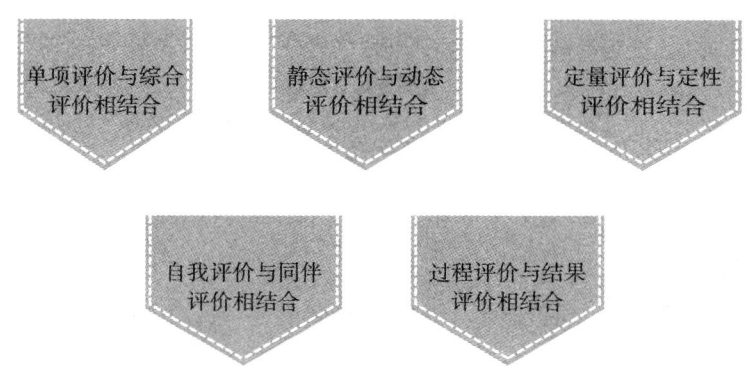

图7-2 大学语文教学评价方式

一、单项评价与综合评价相结合

将单项评价与综合评价相结合的评价方式不仅有助于全面评估学生在语文学科上的表现，还能激励学生在个人兴趣和学术追求上取得平衡。这一评价方式旨在通过评估学生在特定单一技能和语文学科上的整体表现，更好促进学生学习。

单项评价是指针对教育评价对象的某一方面进行的评价；综合评价是指对评价对象的方方面面做整体评价。① 单项评价通常集中于评估学生在特定语文技能方面的成就，如阅读理解、文学分析、语言表达、写作能力等。这种评价方式的优势在于它可以提供针对性的反馈，帮助学生和教师识别具体技能领域中的强项和弱项。例如，通过书面考试、作文或特定的语言练习，教师可以准确评估学生在语法结构、文学解析等方面的水平。这种针对性的评价对指导学生提高特定技能非常有效。单项评价的局限性在于它可能忽略了学生在语文学科领域内的表现和能力。因此，将其与综合评价相结合是十分必要的。综合评价涉及对学生语文

---

① 王景英. 教育评价理论与实践[M]. 长春：东北师范大学出版社，2002：41.

学习的整体能力进行评估，包括他们的思维方式、创造力以及将所学知识运用于实际情境的能力。这种评价不仅仅关注学生的学习成绩，还关注他们的参与度、合作态度以及对复杂问题的处理方式。例如，通过项目式学习、小组讨论、文学作品创作和研究性学习，学生不仅能展现他们的语言水平，还能体现他们对文学和文化的理解程度。

单项评价与综合评价相结合的优势在于能提供一个更全面的学习和评估框架。在这种框架下，学生不仅可以掌握特定的语文技能，还可以将这些技能应用于更广阔的文学和文化领域。例如，学生可能在课堂上学习了特定的文学分析技巧，然后被要求将这些技巧应用于分析一部现代电影的叙事风格。这种方式不仅巩固了学生掌握的技能，还提高了他们的知识应用能力。在实施这种评价方式时，教师需要注意平衡对学生单项技能和综合能力的评估。这就要求教师在教学中灵活地调整教学内容和评价标准，以确保学生在不同方面都有所成长。同时，教师需要定期提供反馈，帮助学生了解自己在单项技能和综合能力方面的进步。

二、静态评价与动态评价相结合

将静态评价与动态评价相结合，旨在全面捕捉和反映学生的学习情况，突破传统评价模式的局限性。

静态评价通常指的是在固定时间对学生的学习成果进行评估。这种评价方式的优势在于能够提供明确、量化的学习成果数据，使教师清晰地了解学生在某一特定时间的学术水平。然而，静态评价往往无法全面反映学生的学习过程和发展轨迹，也无法捕捉他们的潜在能力和进步情况。与此相对的是动态评价，这种评价方式关注学生学习过程中的发展和变化，强调评价的连续性和发展性。动态评价是根据动态原理提出的进行教育评价的行为法则，其基本要求是教育评价过程中注意对评价对象的历史情况、发展水平及发展趋势进行评价，并研究其对一定社会需要的敏感程度和响应能力。动态评价通常包括持续地观察、形成性评价、学习日志等，这些都是对学生学习历程中持续进步的记录。动态评价能够提供更全面的学习情况视图，帮助学生了解学习过程中的强项和需要改进的地方。将静态评价和动态评价相结合，可以弥补单一评价方式的不足，为学生的语文学习提供更全面、更深入的反馈。例如，期末考试（静态评价）可以评估学生对某一学科的整体掌握程度，定期的课堂表现评估和学习日志（动态评价）则可以揭示学生的进步情况、理解程度等。

将静态评价与动态评价相结合进行评价，重要的是要确保两种评价方式的平衡和互补。静态评价应该用于衡量学生在学科知识和技能方面的掌握的程度，动态评价则应重点关注学生的学习态度、思考过程和进步情况。

在实际操作中，将静态评价和动态评价相结合的评价方法还可以运用于线上教学。例如，在线课程可以使用在线测试和作业（静态评价）来评估学生对特定知识的掌握程度，同时利用线上论坛讨论和定期的在线反馈（动态评价）来监测学生的持续参与和学习进展情况。

三、定量评价与定性评价相结合

将定量评价与定性评价相结合的评价方法能够为大学语文教学提供一个更加全面和灵活的评价框架。这种方法不仅能够评估学生的学术成就，还能够促进学生持续发展。

定量评价指的是那些可以通过数值来量化的评价方法。这种评价方式通常包括考试分数、标准化测试结果、作业和项目的分数评定等。定量评价的优势在于它提供了明确、客观的衡量标准，使教师及其他利益相关者能够清晰地了解学生的学术表现。例如，通过分析学生在语文考试中的得分，教师可以了解学生对语法、词汇的掌握程度。然而，定量评价通常无法全面反映学生的所有学习维度，特别是那些涉及高阶思维和创造力的领域。在这里，定性评价发挥着重要作用，主要依靠语言文字而不是数字对教学过程的效果及有关情况进行描述和估计。定性评价关注学生的思维过程、理解深度、创造力等。这种评价方式通常包括教师的观察、学生的反思、口头报告等。定性评价能使教师深入了解学生的个人观点、思考方式和学习动机。

将定量评价与定性评价相结合可以提供一个更全面的学习成果视图。例如，学生在完成一项文学分析项目时，其项目的最终成果（如一篇论文或一次演讲）可以进行定量评分，同时教师可以通过定性方法（如评估学生的分析深度、论证的创造性和思考的批判性）来评价学生的学习结果。这种评价方式的实施关键在于确保两种评价方式的平衡和互补。教师需要设计评价活动和标准，使其既包含可以量化的成绩，又能反映学生的理解深度和思维质量。例如，在大学语文教学中，学生的作文可以根据一系列定量标准（如语法正确性、词语丰富度）进行评分，也可以根据其内容的原创性和思想深度进行定性评价。

四、自我评价与同伴评价相结合

自我评价是学生评估自己学习成果和学习过程的活动。这种评价方式鼓励学生深入反思自己的学习行为、学习策略的有效性等。在大学语文教学中，自我评价可以帮助学生发展自我监控和自我调整的能力。实施自我评价时，教师可以引导学生通过学习日志、反思性写作、自我反馈等方式来进行。例如，在阅读或文学分析活动后，学生可以撰写反思性日志，记录他们对文本的理解、分析过程中遇到的挑战和学习的收获。此外，学生在完成写作任务后，可以根据一套标准自我评估作品，识别优点和应改进的地方。

同伴评价是学生相互评估对方的学习成果和学习过程。这有助于提高学生的沟通能力。在大学语文教学中，同伴评价特别有价值，因为它促进了学生对文学和语言的深层次理解。在进行同伴评价时，可以采用同伴审稿、小组互评和协作学习等形式。例如，学生在草拟论文或完成项目报告的初稿后，可以相互交换并提供反馈。为了使同伴评价更有效，教师需要提前设定清晰的评价标准和指导原则,确保评价的客观性。

将自我评价和同伴评价相结合可以在大学语文教学中创造一种互动和反思的氛围。这不仅能够提升学生对自己学习过程的认识,还能使学生在进行自我评价时意识到评价的多维性和主观性,在参与同伴评价时学会提供有效、建设性的反馈。

实施自我评价和同伴评价时,教师需要注意一些策略和挑战。对于学生而言,评价的标准和目的需要清晰明确。教师应提供充分的指导和支持,帮助学生进行有效的自我评价和同伴评价。为了确保这种评价方式的有效性,教师需要培养学生的评价技能,如如何提出具体、有建设性的反馈,如何发展批判性思维,等等。同时,教师需要监控评价过程,确保评价活动是积极和富有成效的。

五、过程评价与结果评价相结合

过程评价不仅在整个实践活动中为学生提供了连续性的反馈,而且通过对学习策略、思维方式、学习态度等多元化因素的观察和评价,使教育者能够更深入地理解学生的学习需求。过程评价能让学生在实践过程中自我反思,调整自己的学习行为和策略,从而优化学习过程。过程评价对学生的学习过程进行了深入的关注和记录,从中捕捉学生的学习动态,包括学生的认知发展、情感变化等方面的情况。过程评价还通过对学生在学习过程中面临的困难、解决问题的策略以及合作交流的技巧等进行深入分析,使学生更好地理解和掌握所学知识,增强自我调整的能力。

结果评价的重要性在于它侧重评估和衡量学生在实践结束时的实际成果。结果评价对确认学生是否已经达到预期的实践目标提供了重要依据。结果评价能够直观地显示学生的学习成果,这不仅能帮助教师明确学生的语文学习效果,也能帮助学生进行自我反思。它提供了一个明确的反馈机制,能使学生清晰地了解自己的实践效果,对提高学生的自我效能感、激发学生的学习积极性有重要作用。

无论是过程评价还是结果评价，都存在一定的局限性。过程评价可能过于关注过程，而忽视了实践的最终成果，这可能导致学生在过程中缺乏明确的目标和动力。结果评价则可能过于关注成果，而忽视了过程，这可能导致学生过于追求结果而忽视了价值和意义。因此，只有将过程评价和结果评价相结合，才能形成一个完整的、科学的评价体系。

在这个体系中，过程评价和结果评价相互补充、相互调节。过程评价关注的是学习的流程，它可以提供及时的反馈，帮助学生调整学习策略，优化学习过程，提高大学语文学习效果。结果评价关注的是学习的效果，它可以提供明确的目标，激发学生的学习动力，提高学生的学习效率。将过程评价和结果评价相结合，可以更全面、更深入地了解和评价学生的大学语文学习情况。

结　语

未来，大学语文教学将经历深刻的变革。这种变革体现在多方面，如教师从知识的传授者成为学生学习的促进者和引导者，学生从被动的知识接受者转变为主动的参与者和探索者。在这种模式下，教师在课堂上不再是单一地讲授知识，还引入了合作学习、项目式学习等多种教学形式。这样的教学方式不仅能够提高学生的学习兴趣，还能够提高学生解决问题的能力。下面主要谈谈大学语文教学的未来发展趋势。

一、技术在教学中的应用

随着信息技术的发展，大学语文教学将更加广泛地应用现代技术手段。例如，数字化教学资源的使用、在线教育平台的应用以及虚拟现实和增强现实在教学中的运用，都将成为常态。这些技术的应用不仅能够为学生提供多样化和互动性强的学习体验，还能够帮助教师进行有效的教学管理和评估。数字化教学资源，如电子书籍、在线课程等，能够为学生提供更加灵活和个性化的学习方式。学生可以根据自己的学习节奏和兴趣选择合适的学习资源，并通过网络平台与其他学生和教师进行交流与讨论。而虚拟现实和增强现实则能提供更加生动和真实的学习体验，帮助学生更好地理解和掌握语文知识。

二、跨学科的融合

在未来的大学语文教学中，跨学科融合将成为一种趋势。语文学习不再是孤立的，而是与历史、哲学、艺术、美学等其他学科相结合。这种跨学科的融合能够帮助学生从更广阔的视角理解语文知识，也能激发学生的创新思维。例如，将语文教学与历史教学相结合，学生不仅能学习语言知识，还能了解这些知识在历史上的发展。这样的学习方式能够帮助学生建立更加全面和系统的知识体系，激发他们的学习热情。又如，将语文教学与艺术教学相结合可以帮助学生发展审美能力和创造力，让他们在学习语文的同时，能够欣赏和创作艺术作品。

三、学生个性化发展的重视

在未来的大学语文教学中，学生的个性化发展将受到更多的重视。这意味着教学将更加注重满足每个学生的个性化需求和兴趣，而不是一味地追求统一的教学标准和结果。每个学生都有自己独特的学习风格，教师应当尊重并适应这些差异，挖掘学生的最大潜能。为了实现这一目标，教师需要了解每个学生的兴趣和需求，设计适合每个学生的学习计划和活动。

未来的大学语文教学将更加强调实践能力的培养。这意味着教学不仅仅局限于理论知识的学习，还将这些知识应用于实际。在这个过程中，学生能够通过实际操作和体验来深化对语文知识的理解和掌握。例如，通过组织文学创作活动、戏剧表演活动、辩论会等，学生不仅能够运用所学的语言知识和文学知识，还能够在实践中发展创造力和团队合作能力。

四、终身学习的推广和国际视野的拓展

未来的大学语文教学更加注重终身学习的理念。在这一理念下，语

文学习不仅仅是学校教育的一部分，还成了一个持续的、终身的学习过程。这意味着教师不仅要培养学生在校期间的学习能力，还要培养他们毕业后继续学习和发展的能力。为了实现这一目标，学校需要提供各种继续教育机会和学习资源，如在线课程、公开讲座、研讨会等，以支持学生和社会成员的终身学习。同时，教育理念和教学内容要不断更新和改进，以适应社会和技术的发展。

随着经济全球化的发展，未来的大学语文教学也将更加重视国际视野的拓展。这意味着教学内容不能局限于本国的语言文化和文学作品，还应包括世界各国的语言文化和文学作品。通过学习不同国家的语言和文学，学生对文化知识将有更加深入的理解，开阔知识视野。例如，通过设置比较文学、世界文学等课程，学生不仅能够学习到不同国家的文学作品，还能够了解不同文化背景下的文学思想和艺术风格。这样教学，不仅能够提高学生的语文素养，还能够培养他们的跨文化交流能力和国际视野。

五、教育创新的持续推进

教育创新是未来大学语文教学不断发展的动力。这意味着教育机构、教师和学生都需要不断地探索和尝试新的教学理念、方法和技术。只有持续地创新和改进，教育才能够跟上时代发展的步伐，满足学生和社会的需求。例如，通过引入新的教学方法，如翻转课堂、项目式学习、协作学习等，教学可以更加符合学生的学习需求。

未来的大学语文教学将更加注重学生综合素质的全面提升。这不仅包括语文知识和技能的培养，还包括批判性思维、创新意识、沟通能力等方面能力的提升。通过全面的教学设计和多元化的教学方法，学生能够在多方面得到发展，成为具有深厚的语文素养的复合型人才。

未来的大学语文教学将更加强调教育资源的共享与协作。这要求学校、教师和学生之间应紧密合作，共同分享教育资源和经验。通过这种合作，教师可以更有效地利用教育资源，促进教育理念和方法的创新。例如，通过建立跨学校的教育合作网络，教师和学生可以更方便地交流学习经验和教学资源。

  总的来说，未来的大学语文教学是一个多元化、开放化、创新化的过程。在这一过程中，教学模式将变得更加灵活和多样，教育内容将更加丰富和深入，教育方法将更加现代化和高效。这些变革不仅会对学生的个人发展产生深远影响，还会对整个社会的文化建设具有积极意义。未来的大学语文教学需要学校、教师、学生共同探索，它将继续引领学生走向更加广阔的知识世界和更加美好的未来。

参考文献

[1] 毛华中. 大学语文教学实践的多视角研究 [M]. 长春：吉林人民出版社，2022.

[2] 毛丽. 大学语文教学与传统文化研究 [M]. 北京：北京工业大学出版社，2020.

[3] 邓钗. 互联网时代大学语文教学策略创新研究 [M]. 北京：九州出版社，2021.

[4] 杨永芳. 大学语文教学技能 [M]. 开封：河南大学出版社，2010.

[5] 文智辉. 大学语文教育与教学研究 [M]. 长沙：湖南大学出版社，2019.

[6] 王君君. 大学语文教学及课堂语言艺术研究 [M]. 长春：吉林人民出版社，2019.

[7] 孙娟娟. 大学语文教学改革理论与实践研究 [M]. 北京：中国商务出版社，2019.

[8] 姜志云. 大学语文教学探索与反思 [M]. 长春：吉林科学技术出版社，2017.

[9] 孙元元. 文化自信视域下大学语文教学改革路径探究 [J]. 品位·经典，2023（16）：141-143.

[10] 方澍. 构建多维一体的大学语文教学体系 [J]. 新教育时代电子杂志（学生版），2021（18）：298.

[11] 马晨曦. 大学语文教学内容探析 [J]. 北方文学（下旬刊），2019（15）：232.

[12] 何茜. 现代信息技术背景下大学语文教学体系构建 [J]. 新教育时代电子杂志（学生版），2023（20）：159-161.

[13] 岳晓岚. 课程思政背景下大学语文教学与改革策略分析 [J]. 品位·经典，2023（10）：146-148.

[14] 程小柏. 新文科建设视野下的大学语文教学革新 [J]. 成才，2023（8）：125-126.

[15] 杨永明. 课程思政视域下大学语文教学改革探索 [J]. 教育信息化论坛，2023（5）：102-104.

[16] 翟宇君. 大学语文教学中融合德育的路径研究 [J]. 邯郸学院学报，2023，33（3）：121-128.

[17] 聂桂菊. 新媒体时代的大学语文教学改革 [J]. 文教资料，2020（18）：45-47.

[18] 郭敏. 互联网+时代创新大学语文教学的路径 [J]. 新教育时代电子杂志（教师版），2020（1）：130.

[19] 孙静. 国学与大学语文教学改革 [J]. 文教资料，2018（24）：28-29.

[20] 朱坤. 探索新媒体时代下大学语文教学实践 [J]. 今天，2022（7）：46-48.

[21] 吴琼. 课程思政理念融入大学语文教学的实践与思考 [J]. 现代职业教育，2021（38）：144-145.

[22] 庞莹. 论高校大学语文教学组织形式的变革与创新 [J]. 现代职业教育，2021（32）：176-177.

[23] 王魏. 大学语文教学现状及其改善对策 [J]. 科教导刊，2019（22）：120-121.

[24] 陶斯明，杨燕. 网络环境下大学语文教学模式的构建策略探究 [J]. 文化创新比较研究，2021，5（25）：102-105.

[25] 刁茜媛. 翻转课堂在大学语文教学中的价值和实施 [J]. 课外语文. 2021（15）：43-44.

[26] 夏亚萍. 如何提升大学语文教学效果和能力的应对举措[J]. 散文百家，2021（36）：181-182.

[27] 李晓军. 基于课程思政背景的大学语文教学改革研究[J]. 陕西教育（高教版），2021（11）：16-17.

[28] 黄琼. 论大众文化背景下大学语文教学方式的转变[J]. 山西青年，2021（10）：139-140.

[29] 方盛汉. 大学语文教学探微[J]. 安庆师范大学学报（社会科学版），2019，38（5）：116-117，128.

[30] 王萌. 新时期大学语文的教学理论与策略研究[J]. 智库时代，2021（6）：212-213.

[31] 陈家华. 大学语文教学语言艺术分析[J]. 流行色，2019（3）：162，164.

[32] 谭琼芳. 翻转课堂在大学语文教学改革中的影响与创新[J]. 散文百家，2021（3）：173-174.

[33] 汪礼霞，赵静. 课程思政融入大学语文教学的研究[J]. 安徽教育科研，2022（9）：94-95.

[34] 侯丹. 大学语文教学改革初探[J]. 吉林广播电视大学学报，2020（11）：149-150.

[35] 廖春艳. 翻转课堂在大学语文教学改革中的影响与创新[J]. 课外语文，2020（34）：91-92.

[36] 李力. 网络环境下的大学语文教学模式及特点研究[J]. 科学咨询，2020（35）：54.

[37] 徐建南. 网络环境下的大学语文教学模式探究[J]. 卷宗，2020，10（31）：310，312.

[38] 刘陈. 大学语文教学弘扬中华传统文化之我见[J]. 读与写，2020，17（25）：2.

[39] 孙文娟. 浅谈大学语文教学与大学生人文素养培育[J]. 今天，2020（20）：29，35.

[40] 陈彦芳.翻转课堂在大学语文教学改革中的影响与创新[J].今天，2020（20）：11，13.

[41] 徐茂成.论大学语文教学方法的创新[J].课外语文，2018（25）：9.

[42] 殷婕.高职大学语文教学的拓展与延伸探究[J].科教导刊（电子版），2018（22）：153.

[43] 于宏凯.大学语文教学现状及其改善对策[J].课程教育研究，2018（21）：102-103.

[44] 赵青.大学语文教学模式的探索与实践[J].山西青年，2018（21）：86-87.

[45] 高璐.人文素质教育在大学语文教学中的实践探讨[J].教育教学论坛，2023（33）：109-112.

[46] 李淑英."大文学观"与大学语文教学的文化取向[J].开封文化艺术职业学院学报，2020，40（10）：100-101.

[47] 于宏凯.大学语文教学模式的改革路径[J].课程教育研究，2018（18）：23.

[48] 刘伟.大学语文教学中传统文化教育的传承分析[J].现代交际，2020（8）：154，155.

[49] 徐翔.论高职大学语文教学中人文精神的培育[J].公关世界，2020（8）：117-118.

[50] 宋泽华，左秋娟.接受美学视野下的民族高校大学语文教学[J].高教学刊，2020（6）：99-101，104.

[51] 刘霞云.OBE教育理念下大学语文教学质量提升研究[J].滁州学院学报，2020，22（6）：97-101，105.

[52] 赵婷婷.现代信息技术背景下大学语文教学体系建构[J].中小企业管理与科技（上旬刊），2020（2）：111-112.

[53] 廖玲.高职院校大学语文教学模式探讨[J].文艺生活（文艺理论），2018（11）：225-226.

[54] 张林，杨娇，司律. 大学语文教学渗透思想政治教育策略研究 [J]. 牡丹江大学学报，2020，29（3）：121–124.

[55] 田会云. 大学语文教学设计特点及实施措施探究 [J]. 文化创新比较研究，2020，4（1）：91–92.

[56] 房睿. 大学语文教学新思维探略 [J]. 参花（下），2018（6）：103.

[57] 李丽芬. 大学语文教学应加强创造性思维培养 [J]. 学周刊，2023（27）：3–5.

[58] 肖独伊，李明清. "翻转课堂"在大学语文教学中的创新应用 [J]. 教育现代化，2019，6（76）：170–172，181.

[59] 丁书君，马雯婧. 课程思政与审美培养：大学语文教学的两个关键词 [J]. 文教资料，2023（8）：94–97.

[60] 孙娟娟. 课程思政在高职大学语文教学中的融入研究 [J]. 中国航班，2023（7）：247–250.

[61] 刘纪. 大学语文教学中如何渗透思政教育的探索与研究 [J]. 新教育时代电子杂志（教师版），2019（42）：143.

[62] 杨永明. 课程思政融入大学语文教学的路径探究及思考 [J]. 现代职业教育，2023（4）：133–136.

[63] 魏存礼. 新媒体时代下大学语文教学实践探索 [J]. 科教导刊（电子版），2019（31）：154.

[64] 秦宇霞. 新媒体技术下的大学语文教学探讨 [J]. 传播力研究，2019，3（30）：206–208.

[65] 王晓乐. 浅谈大学语文教学与大学生人文素养的培养 [J]. 读天下（综合），2019（28）：164.

[66] 廖玲. 浅谈大学语文的教学特点 [J]. 北方文学（下旬刊），2016（7）：165.

[67] 鄢赢. 大学语文教学中学生审美鉴赏能力的培养 [J]. 卷宗，2019，9（15）：200.

[68] 王芳. 基于人文素质培养的大学语文教学模式改革探讨 [J]. 散文百家，2019（12）：5，115.

[69] 耿玉芳.儒家文化视域下的大学语文教学价值取向研究[J].现代教育科学，2019（11）：81-85.

[70] 张蕾.试析网络环境下大学语文的教学改革[J].课外语文，2019（9）：124，126.

[71] 朱艳阳.信息化时代的大学语文教学探究[J].教育教学论坛，2017（33）：177-178.

[72] 代娜.基于人文性视角的大学语文教学改革[J].吉林广播电视大学学报，2019（8）：63-64.

[73] 张薇.初探大学语文教学中人文素质教育的渗透[J].中文信息，2019（7）：197.

[74] 李文凡.大学语文教学途径改革研究[J].现代职业教育，2017（29）：73.

[75] 石洁.基于学生职业能力培养的大学语文教学模式分析[J].延边教育学院学报，2019，33（6）：106-107.

[76] 李洪义.大学语文教学如何营造和谐氛围[J].现代农村科技，2020（12）：71-72.

[77] 张全亮.关于学科融合下大学语文教学团队建设的探究[J].长江丛刊，2019（4）：70，72.

[78] 高芳艳.视觉文化时代的大学语文教学[J].河南科技学院学报，2017，37（12）：54-57.

[79] 王纯."翻转课堂"模式在大学语文教学中的应用[J].内江科技，2022，43（12）：58-59.

[80] 黄玲玲.大学语文教学模式探析[J].唐山文学，2016（2）：49-50，59.

[81] 程媛，李素梅.论大学语文教学实质与功能[J].时代人物，2020（1）：164-165.

[82] 李云.课程思政视野下大学语文教学实践探究[J].文化产业，2022（5）：151-153.